Leonhard Flechsel

Leonhard Flechsels gereimte Beschreibung des Frey und Herren

Schiessens mit der Armbrust und einem Glückshafen, gehalten zu Worms im Jahr

1575

Leonhard Flechsel

Leonhard Flechsels gereimte Beschreibung des Frey und Herren
Schiessens mit der Armbrust und einem Glückshafen, gehalten zu Worms im Jahr
1575

ISBN/EAN: 9783743455795

Hergestellt in Europa, USA, Kanada, Australien, Japan

Cover: Foto ©ninafisch / pixelio.de

Manufactured and distributed by brebook publishing software
(www.brebook.com)

Leonhard Flechsel

Leonhard Flechsels gereimte Beschreibung des Frey und Herren

Leonhart Flechsel's

gereimte Beschreibung

'des

Frey- und Herren-Schiessens

mit der Armbrust

und einem

Glückshafen,

gehalten zu

Worms im Jahr 1575.

(Festgabe zum ersten deutschen Bundes-Schiessen
im Juli 1862 in Frankfurt a. M.)

———————

Preis 20 kr.

———◆———

Worms, 1862.
Druck und Verlag von A. K. Boeninger.

Auf dem ersten und zweiten Blatte des Manuscripts finden sich folgende zwei alte Aufschriften:

1) „Die Ordenliche Beschreibung des Frey vnd Herrn Schiesen mit Armbrost vnd mit Ainem Glikhs Haffen dis gehaltten hatt die Kaiserlich Frey vnd Reichs Statt Wormbs, Haben geben zum Besten 50 fl. vnd mit dem Haffen 32 fl, Hat Angfangen den 7 Tag Angustus dis 75 Jar, Als in Reimweis verfast durch Lienhart Flechsel, Britschenmaister von Augspurg."

2) „Der loblichen Frey vnd Reichs Statt Wormbs, zwey gehaltnen des Stachels vnnd Buchsen Frey Schiessens, Jn Ein ged icht oder schönen spruch verfast durch Liennhart Flechsel Alter Fursten vnnd Schutzen Dienner, Britschen Maister von Augspurg."

   „Anno Salutis 1575."

I.

II.

Vor den Haubt Fanen Sind
gewineder Zwein gehoger
Zway Gpillig in Frey Klaid
uns geziert.

Ao. 1575

Der Vest Fahn Jm Armbrost Nachschiessn Mitsambt dem Ochsen Zu gestelt Worden.

IV.

Das Klack Schießn mit dem Arm
brost ist gewest am ungerischen ochs
um b 32 Khards gewonnen Nic
las Jüngler v. Wormbs mit 32

Ewiger Gott Jn deinom Thron,
  Bitt dich du wölst mich nit verlon,
Verleih mir auch dein hailigen Gaist,
  Der Allwarheit vnd Weissheit waist,
5 Vnd theil mir mit dein göttlich Gnad,
  Dein Barmhertzigkeit vnd wolthat,
Das ich mecht bringen an den Tag,
  Ohn dich Niemandts nicht schaffen mag,
Ob ich mit Ehren mecht bestohn,
  Gehn ainem Rath hochlobesan,
Auch gegen einer gmainer Statt,
  Wan das Gedicht sie baid angath,
Vnd die vom Adel seind geborn,
  Mit Zuecht vnd Tugent ausserkorn,
15 Wan Jhr ein weill wolt schweigen still,
  Das es gescheh mit Euerm will,
Euer Weisshait woll das nit verdriessn
  Das ich will machen von eim schiessn,
Ein schönen spruch oder Gedicht,
20 Also wart ich das vnderricht,
Wan ich wolt han ain rechten grundt,
  Ward mir gesagt von's Menschen mundt,
Wie das ein Schiesn wer vorhanden,
  Das wurt man baldn in teutschen Landen,
25 Mit dem Stachel vnd mit der Buchs,
  Gwint einer vill so schads jm nichts,
Dieselbig Statt will ich nennen,
  Jn meim Spruch man wirt sie kennen,
Gar weith vnd fehr ist sie erkannd,
30 Jn teutschen vnd jn welschen Lanndt,
Vnd ligt gar naheut an dem Rhein,
  Ain grossn Statt gar hipsch vnd fein,
Jst Fursten vnd Herrn wolbekandt,
  Dieselbig Statt jst Wormbs genandt,
35 Vnd ist ein alt berumbte Statt,
  Wan sie also den Namen hat,
Nit balt find man woll ihrs gleichs,
  Jst ein Frey Statt des hailigen Reichs,

Mit kaiserlich Freiheit hochbegabt,
40   Ein Ersamer Rath hat erlaubt,
Ausszuschreiben ein frey Schiessen,
    Es soll die Schutzn nit verdriessen,
Jhrn Ernuest Fursichtig vnd weiss,
    Mach jn den spruch mit allem Fleiss,
45 Ein Ersamen Rath gmainer Statt,
    Die sich gar erlich ghalden hat,
Jn jrem furgenomen Schiessen,
    That sie kein vnkost verdriessen,
Zur Ehrndechnus sols auch fromen,
    Euern gschlecht die nachher komen,
Den wirt man solchs Schiessn verkinden,
    Jn hundert Jarn wirt mans finden,
Auch wer denselben Spruch wirt lesn
    Da wert Jhr Hern ein zuchtiges wesn,
55 Mit aller Erbarkeit vnd zier,
    Das solt jhr sicher glauben mir,
Was ein Ersamer Rath hab thon,
    Den Schutzn das mues ich zeigen an,
Mit einer vorret jn meim gedicht,
    Die Sach hab ich also verricht,
Wie sich der Handl hat zu tragen,
    Eim Wasser Weib muess ichs sagen,
Was auff dem schussen gschehen jst,
    Das sag ich ir zu disser frist,
65 Wan das Schiessen hat angfangen,
    Vnd wies darauf zu ist gangen,
Mit dem gebey vnd aller Zier,
    Das solt jhr sicher glaubn mir,
Man zalt daussendt funffhundert Jar,
    Vnd funff vndt siebentzig furwar,
Nach Christus vnsers Hern geburt,
    Ein schiessen man anfahen wurt,
Vffn siebenden August merkht mich,
    Zu Landsshuet ich wol vmber schlich,
Spaciern heraus zum Wasser gieng,
    Mir kamen zwen die ich empfienng,
Vnd fragt balt von wau sie kemen,
    Komen von Wormbss thu vernemen,
Faren erst von Augspurg herab,
    Her was wir dort vernomen hab,
Von einem schönen Ritter spill,
    Dar zu ich selber komen will,

Ain Freyschiessn wirt zu Wormbss werden,
Jch bin ein schutz vnd scheuss auch gern,
85 Jch sprach hab die Sach vernomen,
Mecht ich auch noch darzu komen,
Er sprach du kombst noch woll darauf,
Es sein noch woll drey wochen drauff,
Bis solches Kurtzweil wirt angfangen,
90 Sagt ich hab darnach verlanngen,
Man hat die Brieff scheun ausgesandt,
Hinauf jns Reich vnd weit jns Lanndt,
Allenthalb soll man's verkinden,
Wo man schutzen waiss zu finden,
95 Sol in von solchem schiessen sagn,
Die schutzn darauf prueffen vnd ladn,
Jn den Brieffen stundt gar eben,
Alles was man ihn wurd geben,
Zum vortheil hast mich vernomen,
100 Sprach mir ist auch ein brief komen.
Jn mein Hand hab jhn gelesen,
Vernam drin ein zuchtigs Wessen,
Wie es so herlich wurt zugohn,
Er sprach du solst mich recht verstohn,
. Da ich denselben brieff verlass,
Da in fand ich geschriben dass
Zichtig von wort, schönen Sitten,
Thet man die Heren vnd schutzn pitten,
Den Stetln thet man freundlich schreiben,
110 Das jr schutzn nit auss went pleiben,
Er sey gleich nahent oder weith,
So kom er an bey gutter Zeit,
Vnd der nit da haimbt will pleiben,
Schikh sich woll nach dem ausschreiben,
115 So merkhet weitter was ich sag,
Da was benandt der siebent Tag,
Des Monat August zu der Frist,
Der nahent vmb sant Lorentz ist,
Soll ein schutz an der Herberg sein,
120 Achzehen batzen legen ein
Das soll auch sein lautter gutt gelt
Wie es jm schiessbrieff ist bemeldt,
Vier und zwentzig Schiess soll einr thon,
Mit dem Stachel thu mich verston,
125 Mit der Buchs wart auch geschossen,
Achzehn schiess hat kein verdrossen,

Das hat man auch geschriben drein,
All vortheil soll verbotten sein,
Was vff dem schuessn nit breichlich ist,
130   Das war drein gschriben zu der Frist,
Die weissen Herrn warns bedenkhen,
    Vff jedlich Zilstatt zu schenkhen,
Woll funfzig guldin also bar,
    Das legt ein Rath gar willig dar,
135 Doch solt daselb dass best bleiben,
    Wie es dan steht jm Ausschreiben.
Es soll furwar dass beste sein,
    Das haben die Hern geschriben drein,
Zu jeder Gab ein seiden fahn,
140   Noch weitter ich vernommen han,
Von eim Glikhs Haffen hipsch vnd fein,
    Ein Batzen sollens legen ein,
Vmb ein Zettel mit seim Namen,
    Thet sich wahrlich Niemandt saumen,
145 Vnd Niemandt satzt man gar kein Ziel.
    Liess jedes legn auf wass es will,
Das legt man als in Haffen ein,
    Dreissig zwen guldin thets best sein,
Vnd al kleinet in der Sumen,
150   Wem Gott der Herr Glikh wirt gonen,
Es gewind das best durch glikhens fahl,
    Der Gwined waren jberall,
Funff vnd zwaintzig in einer Sum,
    Also hab ichs jm brieff vernom,
155 Jch raiss jetzt wider an den Rhein,
    Will auch schiessen mit freiden drein,
Jch sprach jch fercht ich kom zu spat,
    Er sprach zu mir volg meinem Rath,
Vnd zeuch gein Wormbs vff dass schiessen,
160   Dasselb macht dir woll erspriessen,
Also macht ich mich auf die farth,
    Kein vnkosten hab ich nit gspart,
Biss ich gein Wormbs auch komen bin,
    So heren kurtzlich meinen Syn,
165 Jch kam gein Wormbs woll in die Statt,
    Die ein berumbten Namen hat,
Kaisern und könig jst bekhanndt,
    Vnd ligt in dess Pfaltzgrauen Laudt,
Jst der Churfurst loblich am Rhein,
    Jch redt das auf die warhait mein,

Darin hat es ein weissen Rath,
    Kam dahin am Donnerstag spat,
Fluchs zeigt ich mich bey den Herrn an,
    Mecht ich Diennst bey dern weisshait han,
175 Vnd die ein Rath hat ausserwelt,
    Mein Handlung hab ich in erzelt,
Auff mein Anlangen vnd begern,
    Soll mir Freitags ein Antwurth wern,
Vnd wann sie ginngen aus dem Rath,
180   Das soll geschehen nit zu spat,
Eim Rath wölln wirs vor zeigen an,
    Darnach solt jr ein Antwort han.
Dess Freytags wurt mir guetter bschaid,
    Man nam mich an, schenkht mir ein klaid,
185 Vnd auch dem lieben Sone mein,
    Jn Diennsten desto gflissner sein,
Das muess ich reden auff mein Ayd,
    Der Diener hat man sieben klaid,
Jn guettem lindisch rott vnd weiss.
190   Gar schön gemacht mit allem fleiss,
Dio Herren so man hat erwölt,
    Mit Namen hab ichs nit erzölt,
Ju meim spruch wurd es noch gscheben,
    Gross Lob vnd ehr ich ju veriehen,
195 Eim Ersamen hochweissen Rath,
    Der solich Herrn verornet hat,
Jr weisshait wil ich erzellen,
    Vnd die ein Rath hat than erwöln,
Sie haben ankert grossen fleiss,
200   Darumb gib ich in Lob vnd Preiss,
Wie sich zur Sach ganntz wolgepirt,
    Das Schiessen habenns wol reigirt,
Nit gnug kan ich die Herrn preissen, .
    Kanns mit allen Schutzen weissen.
205 Wie schön vnd lustig was als baut,
    Jch habs als ordenlich beschaut,
Mit allem Gebey schöner Zier,
    Das solt ihr sicher glauben mir,
Was ich dan als geschen han.
210   Das will ich noch woll zeigen an,
Jst ein schutz nahent oder weit,
    So kom er an bey gutter Zeit,
Dass keiner warlich kom zu spath,
    Vnd auch darnach kein aussred hat,

215 Wie sich das Schiessn hat angfangen,
  Gar herlich ist darauf zu gangn,
Mit aller Reuerentz vnd Zier,
  Bei meiner trew das glaubet mir,
Vnd da das Schiessen wass gar auss,
220 Dass Jettermann zoch haim zu Hauss,
Da hab ich mich nit leunger gspart,
  Vnd thet mich risten vff die farth,
Gar balt da fuhr ich vbern Rhein,
  Kam in ein walt was hipsch vnd fein,
225 Es was furwar eine haisse Zeit,
  Der walt was gros vnd darzu weit,
Jch kam so weit in walt hinein,
  Mit meiner Ruestung gut vnd fein,
Nun merkhet weitter was ich sag,
230 Es was ein schöner haisser tag,
Vnd als die Son schien mechtig haiss,
  Das mir aussginng vor Angst der schwaiss,
Macht mich ganntz mued vnd darzu schwach,
  Das ich des wegs nam gar kein acht,
235 Jndem verlor ich Weg vnd Steg,
  Das thet mir in meim Hertzen wech,
Jch red das auf mein leste farth,
  Hat mich verirt jm walt so hart,
Dass ich nit wist wo aus noch an,
240 Da kam ich in ein wilden Dan,
Mit Felssen gebirg was er voll,
  Der Walt gefiel mir nit fast woll.
Ginng jm walt woll auf vnd nider,
  Vber die zwerch hin vnd wider,
245 Vor angstn wolt mir stettig schwindn,
  Das ich kein weg nit mer kund findn,
Jch rufft so laud an manchem Orth.
  Wie wol ich Niemand sach noch hort.
Vnd wist furwar nit wo ich wass,
250 Jch satzt mich nider in das grass,
Vor lautter muede vnd Schwacheit,
  Das mus ich klagen vff mein Ayd,
Die Hitz thet mir so grossen Zwang,
  Biss das ich an ein schaden kam,
255 Vnnder ein Linden was schon brait,
  Mit mancher Blumen schon beklaid,
Rings weis darumb hin witter,
  Es gfiel mir wol, satzt mich nieder,

Vunder den schönen grienen baum,
260   Wie ich entschlieff kam mir ein Traum,
Von eim schönen grossen Brunen,
        Derselb stund wol an der Sonen,
Bei einem Felssen der wass gross,
        Von dem dass wasser ausser floss,
265 Das sag ich euch gar offenbar,
        Wie ich entwacht da wass es war,
Jch dacht ist disser bron jm Walt,
        Stund auf bschaud denselben balt,
Vund wie ich zu dem Bronen kam,
270   Sein schönen fluss ich balt vernam,
Derselb gfiel mir von Hertzen woll,
        Was oben weit vnd vnnden holl,
Das was furwar ein schönes Lust,
        Da kam mich an ein grosser Durst,
275 Nach eim gschier hat ich verlangen,
        Ohngfer sah ich ein Flasche hangen,
Jn dem Brunen angebunden,
        Da was all mein Laid verschwundten.
Sach mich vmb jm wilden walt,
280   Ob Jemand kam zum Brunen balt,
Dem disse Flaschen ghöret zu,
        Vor grossem Durst hat ich kain ru,
Jch wold mich nach der Flaschen bukhn,
        Ein wasser weib thet mich verzukhn,
285 Hinein vnnder ein hellen Stein,
        Da sass dasselbig Weib allein,
Es was furwar ein schönes Weib,
        Gar gbrat vnd stolz wass sie von Leib.
Gantz zierlich was sie angethan,
290   Sie sprach lass mir die Flaschen stan,
Wie bistu komen in den walt,
        Da fing ich an vnd sagt jrs balt,
Vnd sagt ir das an als beschwer,
        Sie sprach mein Freundt wo zeuchstu her,
295 Fraw last euch dass nit verdriessen,
        Von wormbs kom ich ab dem schiessen,
Bin zogen warlich schnel vnd balt,
        Hab mich verierth in dissem walt.
Vnd waiss furwar nit wo ich bin,
300   Sie sprach zu mir nem die Flasch hin,
Thu ein Drunkh von grundt deins hertzen,
        Du selt aber nit mit mir schertzen,

Dan ich hab gar ein bössen Man,
   Von stundt waist er's, greifftu mich an.
305 So lest er das nit vngerochen,
   Hat Manchem Spiess vnd Schwert zerprochn,
Der mir etwas hat Laides gethon.
   Das hat er nit ongrochen glan,
Dan wildu bleiben in meim Hauss,
310   So zeuch kein schandlichs Wort nit aus,
Will dich heut bhalten vber nacht,
   Vnd dir erst zeigen schöne gmach.
Da must die nacht Zeit verdreiben.
   Fraw gern wil ich bey euch pleiben,
315 Mein Herberg wirt dir thon gar and.
   Da nam sie mich bey meiner Hand.
Vnd furth mich in ein schönen Sahl,
   Was schön geziert gantz vberal,
Furdt mich erst in schene Zimmer,
320   Woll gezirt als der sahl jmmer,
Sie satzt mich fornen an den Disch,
   Gehab dich wol vnd leb gar frisch,
Vnd nem heut nacht mit mir vergut,
   Gib mir dein Mandel und dein Huet.
325 Vnd auch darzu die wöhre dein,
   Jch sprach hertzliebe Fraue mein,
Bedankh mich fast der grossen ehr,
   Ohn gfar so bin ich komen her,
Zu dissem Brunen bei dem Stein,
330   Mich daucht ich wer also allein.
Vnd wist gar nit vmb euer Gstalt,
   Hab mich verierth in dissem walt,
Jch was furwar ein draurig man.
   Da rueff ich Gott von Hertzen an,
335 Das er mir kom zu Hilff gar bald,
   Brecht mich zu Leutten in dem walt,
Das hat mein Gott gar treulich than.
   Vnd mich in keiner noth verlon,
Sie sprach mein Freundt gehab dich woll,
340   Darumb ich dich auch loben soll,
Das du deins Gotts nit thust vergessn,
   Kan dirs zu keinem arthen messn.
Dasselb kan ich wol erkenen,
   Vnd wie thut sich die Statt nenen,
345 Die solichs schuessen ghalten hat.
   Jst es jm Jar geschehen spath,

Fraw den tag wil ich euch nenen,
.Glaub jhr wert des Monat kenen,
Den siebenten August merkht mich,
350   Jsts gstanden in Brieffen klerlich.
Wan man solt an der Herberg sein,
     Manicher Schutz der zog frolich ein,
Gehn Wormbs in die berumbte Statt,
     Die solches Schiessen gehalten hat,
355 Den lieben Gott liess ichs walten,
     Gar stattlich habens die Hern ghaltn,
Vill kurtzweil wart darob trieben,
     Biss ans ent so bin ich blieben,
Biss solches Schiessen wart volbracht,
360   Vnd die Fraw sprach hab mich bedacht,
Will gehn vnns vor das essen bringn,
     Hör gern sagen von solchen Dingn,
Gar behend hat sie dekht den disch,
     Da drueg sie auf wildbret vnd visch,
     Sie schenkht mir ein gar guetten wein,
     Frisch vnd frölich solt bey mir sein,
Must mir die sach recht bedeutten,
     Die weil du komst von solchen Leutten,
Vnd mir recht die warhait sagen,
370   Vmb was ich dich znacht wirt fragen,
Das soll dich gleich woll nit verdriessn,
     Muess dich recht fragen von dem schiessn,
Vnd wie dasselb hab angfangn,
     Wie es darauf auch zu is gangn,
375 Jch weis dich morgen auf den weg,
     Vnd wil dir zeigen weg vnd steg,
Dass du komst witter zun Leutten,
     Sprach Fraw will zu allen Zeitten,
Jn euerm Dienst geflissen sein,
380   Sie sprach hertzlieber Freunde mein,
Last euch mein fragen nit verdriessen,
     Wer ist gwest woll auf dem schiessen,
Der Frag kan ich nit endtberen,
     Wass haun geschossn fur schutzn vnd Herrn,
385 Kannstu die mit Namen nenen,
     Dan ich glaub wert etlich kenen,
Weil ich die warhait retten sol,
     Ach Fraw ich kenn ir etlich woll,
Vnd den man hat gar freundlich gschriebn,
390   War Straspurg die nit sein aus bliebn,

Frankfurd kam anch gar statlich ein,
 Essling dessgleich, es stundt als fein,
Die von Vlm schikhten jre Zwen,
 Augspurg nur ein, thuet mich versten,
395 Von Speir kamen der Schutzen vill.
 Vnd Haidlberg die ich nenen wil,
Es kamen schutzn von Cöln am Rhein.
 Auch die von Halbrun zugen ein.
Vnd mehr vill schutzn aus dem Reich.
400 Vnd die von Stutgart dessgeleich.
Von Pfortzen sein auch da gewessen,
 Die von Durlach hab ich glessen,
Aus Hessen hatten Schutzn gschossn,
 Desgleichen die Braunschwigsgnossen.
405 Zur erbarn gschelschafft thetten kom,
 Von Zierch aus schweitz hab ich vernom.
Die Meintzer sein nit auss blieben,
 Alss man jn hat freundlich gschrieben,
Pederss- vnd Openheim Schutzen schikht,
410 Die von Wimpfen ich erblikh,
Es kam ein schutz von Dinkhelspill,
 Von kaufbeurn auch einer aus Zill,
Jch kan die Stett nit all nenen,
 Sach woll vill schutzn, kunds nit kenen,
  Die Fraw sprach hab Dankh der ehren,
 Thun mich noch eins Bitts geweren,
Die weil du hast das Schiessen bschaut,
 Wie schön vnd zierlich was dass beut,
Jch mechts von Hertzen gern wissen,
  Sprach Fraw, ich bin alzeit geflissn,
Jch will die warhait zaigen an,
 Was ich zu Wormbs gesehen han,
Von all gebev vnd schöner Zier,
 Sy sprach Ach Lieber sag du mir.
 Wie ist die Stat geziert vnd baut,
 Die weil du die hast woll beschaut,
Nun Fraw das wil ich gern thon,
 Vnd euch die warhait zeigen an,
Es ist ein weit berumbte Statt,
 Vnd die gar vill erlitten hat.
Dass ich in sachen auch nit lieg,
 So hatts erlitten manchen Krieg.
Mit dem gewurm was jhr nit woll,
 Darumb da wass das Land gar voll,

435 Mit Drachn Lindwurm muss ich sagen,
  Der Seifridt hadts all erschlagen,
Er hat gewont woll an dem Rhein,
  Den Rosengardn gab man jm ein.
Kunigin Grimhildin hatn baut.
440 Herr Diettrich von Bern hat in bschaut,
Mit sambt sein Helten vnd Rekchen,
  Thet die Rissen hart erschrekchen,
Vnd die auch hatten heltes mut,
  Hieltn den gartten in guetter huet,
445 Welcher wolt ein Rosen brechen,
  Thetten sie erschlagen vnd stechen,
Er muest leitten grossen Schaden,
  Grimhiltin liess den Berner ladn.
Dass er in jren Gartten kom,
450 Vnd seine Helten mit jm nom,
Mit sein Rekchen solt nit aussploiben,
  Vnd welcher Ritterspil wolt treibn,
Daselb wurts einer wol erfaren,
  Von Risen die jm gartten waren,
455 Ligt einer ob so will in preissn,
  Vil ehre, Zucht, jm thun beweissen,
Darmit das Ritterspil bleib gantz,
  Will ihm schenkhen ein Rosenkrantz,
Das hat Herr Berner wol bewert,
460 Vnd hat den gartten gar zerstert,
Auch etlich Risen erschlagen,
  Fraw will jetzt von der Statt sagen,
Vnd wie dieselbig was erbaut,
  Mit allem Fleiss hab ichs beschaut,
465 Dan ich bins Rings weiss vmpgaungen,
  Mit einer maur weit umbfaungen,
Es ist furwar ein weitter Craiss,
  Darin hats gross Platz die ich waiss,
Wie es dan ghört za solchn sachen,
470 Lies zum theil drauss weingart machen,
Man hat sie baut gar hipsch vnd fein,
  Sieben hundert Fuder guttes wein,
Das wechst darin woll alle Jar,
  Het ich mer gnandt, es wer auch war,
475 Ess hat auch vil der schonen thor,
  Habss alle zelt vnd stundt darvor,
Vnd die man nent die Porden fein,
  Dardurch man furth, geth auss vnd ein,

Ausser vnd jnnerhalb der Statt,
480 Wan es der Pordt funffzehen hat,
Darnach gieng ich vil gassen aus,
  Bis das ich kam zu dem Rathhaus,
Das ist der burger Hoff genandt.
  Den Burgern ist er wolbekanndt,
485 Darob man than gross weisshait pfligt,
  Vnd manchem guetten Rath ausgibt,
Solchs gmainer Statt kombt wol zu gut,
  Die Statt helt man in guetter huet,
Sy halten auch guot Polycey,
490 Vnd weren aller Buberey,
Den Burgern haltens gleichen schutz,
  Vffrichten sie den gmainen Nutz,
Dass gmaine Statt soll nemen zu,
  Ein Erbar Rath hat gar kein Ru,
495 Bis alle Sachn bedenkhen woll,
  Darumb manss bilich loben soll,
Gott wöll jhn fristn jr langes Leben,
  Dern weisshait vernunfft gesundheit gebn,
Das sie fieren gut Regiment,
500 Verley jhms Gott bis an jhr end,
Jch kam hin fur woll auf den Markh,
  Zwen brunen sach ich warend starkh,
Von Steinwerkh schön gemacht vnd ziert,
  Da ward ich zu der Muntz gefuert,
505 Wie ich bin zu der Muntz ganngen,
  Ain eissen ketn sach ich hangen,
Mechtig vill grosse Risen bain,
  Jch stund darbey was nit allein,
Besach mir der bain gleich ebn gnug,
510 Ein vhr die was gemacht gar klug,
Die was gar lustig schön vergult,
  Dem Maler gib ich gar kein schuld,
Adam vnd Eua schlecht doran,
  An die Glokh das sicht Jederman,
515 Verguld ist auch ir baider leib,
  Das ich kein spot daraus nit treib,
Die vergift Schlang ist auch bey ihn,
  Fraw merkhen weitter meinen Syn,
Was ich noch mer gesehen haun,
520 Das mues ich euch jetzt wissen laun;
Mit Jederman kans ichs beweissn,
  Es was die trinkhstub ich muss sie preisan,

Darob die Herrn zsamen komen,
Vff den Reichstagu hab vernomen.
525 Jch stund daruor vnd sach es an,
Gross Risen waren gmalt daran,
Mit jhrn grossen eissen Stanngen,
Grimhildin die kam geganngen,
Vnd thut ein Krantz bey jhr tragen,
530   Weitter noch mit warhait sagen,
Wie sass so hubsch schön gmalet dran,
Kaisser Fridrich hoch lobsan,
Darnach hab ich die Stifft beschaut,
Wie vill derselben seind gebaut,
535 Woll jn der Statt vberall umb,
Da fannd ich ir in einer Sum,
Funnff schöne Stifft wol zu den Zeittn,
Vnd als ichs warlich thu bedeutn,
So hatts dain gar kostlichs gleit,
540   Das hort ich da dieselben Zeit,
Jch sach ein schöne lange gassen,
Vom Speyr thor bis zur Mentzer Strassn,
Mit gwaltig Heussern schön gebaut,
Dan ich habs juwendig beschaut,
545 Mit schönen Höuen gross vnd weit,
Das ich die Sach gar recht bedeut,
Konnd einer darin Spatziern gahn,
Must noch weitter reden daruon,
Jch bin in drey Vorstett komen,
550   Dieselben hab ich wol vernomen,
Vnd als jchs warlich jetzt bedeut,
So warens gross lang vnd auch weit,
Gar schön gebaut, das gfiel mir woll,
Noch eins das ich euch sagen soll,
555 Jch gieung hinein woll durch ein thor,
Ein tieffer grab der wass daruor,
Denselben hab ich auch beschawt,
Ein schön Schiesshaus hot man drin bawt,
Darin hat man umb Silber gstochen,
560   Vnd ist keim Schutz kein Bogen brochen,
Mit Stuben vnd Sahl schön geziert,
Auff den Obermarkht ward ich gfierd,
Da sach ich gar ein grossen Rust,
Es was furwar ein schöner Lust,
565 Das muss ich jetzundt zeigen an,
Denn es solt sein der recht Schiessplan,

Darauff mans schiessen ghalten hat.
Gar herlich es daselhst zugath.
Mit schön gehey artlicher Zier,
570   Derselben Herren waren vier.
Vnd die ein Rath hat ausserwölt,
    Mit Namen hab ichs nit erzölt,
Jch wils jetzt mit Namen nenen,
    Jhr loblich gmein wierd sie kenen,
575 Jhr weissheit die jst mir bekanndt.
    Der erst Herr jst also genanndt,
Der ernuest fursichtig vnd weiss,
    Herr Geörg Krapp mit allem Fleisa.
Den hat ein weisser Rath erwölt,
580   Jch hab sein weisshaid nit erzölt.
So merklien mich zu disser Frist,
    Wan er alder Stettmeister jst,
Die Herrn wolten sich nit saumen,
    Der ander Herr haist mit Namen.
585 Herr Jörg Eucharius Mospaeh,
    Jn seinem Ampt hat er gut Acht,
So hört mich weitter zu der Frist,
    Er auch alter Stettmeister jst,
Das sag ich euch nit ongeuer,
590   Sein Weisshait jst auch Bawmeister,
Den dritten Herrn so ken ich woll,
    Sein Weissheit ich auch nenen soll,
Hans Jacob Oppenheimer gnandt,
    Alter Schultheiss was mit jm Ampt,
595 Herr vrban Neumayr mit seim Nam,
    Sein Weisshaid thet sich auch nit sam.
Jn keinem gscherft trug er beschwer,
    Vnd ist alter Burgermeister,
Vnd was auch zu derselben Zeit,
600   Gwessner Baumeister als jchs deut,
Denn er war aus der massen gfiessn,
    Des ehrlich Schuessen trug er wissn,
Die vier Herrn hab ich erzelt,
    Vnd die ein Rath hatt ausserwölt,
605 Man hat in geben allen gwalt,
    Vnd was sie schieffen das gschach bald,
Wie jhn die Herrn haben verdraut,
    Das schiessen han sie schön gebaut,
Von dem will ich ein wenig saga,
610   Jch sprich, das ich bey all mein taga,

Kein schöners schiessen gseben haun.
Das soll mir glauben Jederman,
Wie ich bin auff den SchiessPlatz gangn,
Nach der Schiesshit het ich verlangn,
615 Vnd als ichs warlich jetzt bedeut,
So wass sie gross lang vnd auch weit,
Jnwendig was gar schön gebawt,
Dan allenthalb hab ichs beschaut,
Man kund Schutzen nit vberstohn,
620 Zum Schiessen hattens gutten Raum.
So fein wass es als vnnderwacht,
Jch nam der Hutten gar gutt Aobt,
Der Hutten kond ich nit vergessn,
Wie hoch seind Herrn darinen gsessn,
625 Vnd die dem Schuessen sahen zu,
Da hat ich warlich gar kein ruw,
Jn Sachn wolt ich sein geflissen,
Vnd wolt auch eigentlich wissen,
Wie lang vnd gross die Hitte wer,
630 Dess hat warlich Niemant kein bschwer,
Ab mas ich die Hitt vom Anfang,
Die was funff vnd viertzig Schrit lang,
Jch mas sie ab bey gutter Zeit,
Von dreyzehen Schrit was sie weit,
635 Wie es dan ghört zu solchn sachn,
Zu baiden Seitten Schrankhen machtn,
Dan Fraw ich will die warheit sagn,
Mit bortten allentbalb verschlagn,
Die mueh hat die Herrn nit verdrossn,
640 Damit das Niemand wurd erseheen,
So fein habn sie als gordeniert,
Man hat mich zu dem Schiessberg gfiert,
Der wass furwar gar schön gebaut,
Als ich in allenthalb beschaut,
645 Mit schön gebew vnd aller Zier,
Das solt jhr sicher glauben mir,
Hinden vornen an allen Orthn,
Vornen sach er gleich einer Pordn,
Dan es was gar ain weittes thor,
650 Jch sach es an vnd stund daruor,
Vornen hat es gar schöness gmel,
Dan es was vberal ohn fehl,
Der grossen wurm must ich lachen,
Vnd jnwendig stund der bachen,

655 Den man sonst nenet ein Schiess Rain,
Derselbig stund darin allein,
Vnd mit eim vierekheten ganng,
Mit welschen Scullen wass nit lang,
Oben stund ein Junkhfrewlichs bild,
660 Jn braun beklait gar schön vnd mild,
Darmit die gselschaft solt pleiben ganntz.
Des gab vrkund jn ir Hant der Krantz,
Sie was gemalt gar hupsch vnd fein.
Ein schöne Zier mocht das woll sein,
665 Jch kund warlich gar kaum erbeuttn,
Biss ich besach die ander seittn,
Als man mir trieb den Schiessperg vmb.
Darmit ich an den Jungling kom,
Gar lustig was er abgemald,
670 An Leib vnd gstalt jm nichts hat gfaid,
Der trug vier beltz in seiner Hand,
Dass hat den Schutzen nit thaun and,
Die warhait muss ich jn veriehen,
Den einen boltz thet er besehn.
675 Mit guldin knöppen schön probiert,
Welches das Schuessen hat geziert,
Was als gebaut nach der messur,
Vnd vornen dran da stund ein vhr,
Sie wass gemacht gar schön vnd klug,
680 Die erst dreuw viertel sie da schlug,
Zum vierten hubs zu leitten an,
Darmit was gwarnet Jettermann.
Vnd wan die vhr was glauffen ab,
Fiel ein Spiegel von oben herab,
685 Der hat die Beltz allsam bedekht,
Hat manchen Schutzen offt erschrekht,
Der nach der vhr hat geschossen,
Der hat sie warlich klein gnossen,
Dan ich sach woll so eben drauf,
690 Ein Gatter schuss von vnnden auff,
Dasselb hab ich woll vernomen,
Keiner kond zu seim Boltz komen,
Biss dass man sie hat zogen aus,
Darnach gab man sie all rauss.
Man thet auch gar vill kurtzweill treibn.
Vnd welcher nit daheim wolt bleibn,
Der da wolt folgen seinem Sin,
Er gieng herzu, nam gelt zu jm,

— 17 —

Fand man zu kortzweil vnd spillen,
700 Solt ainr lieber daheim sein bliebn,
Dan welcher hat sein gelt verlorn,
Der hats Schuessen woll halb verschworn,
Noch eins das hab ich auch gsehen,
Gross Lob eim weissen Rath veriehn,
705 Jch sach mich vmb warlich gar starkh,
Alle Heusser am Obermarkht,
Die waren gar schön gmalt vnd gweist,
Den Schiessplatz hat man sehr gebreist.
Zur ehr hat mans den Schutzen thaun,
710 Schuss in der Statt auff keinen Plaun,
Darmit thet man ims Hertz erwekhn,
Vnd schön grien Baum liess man aufstekhn,
Die Herrn wolten nit lenger beitn,
Sie stekhens auff zu beiden Seitn,
715 Da sah es wie ein griener walt,
Darnach fieng man an schiessen balt,
Gleich da der wint die Baum erweht,
Mit grienem Grass die Zilstat batret.
Da gieng ich auch zu der Britschstatt,
720 Darauf man vill zu schaffen hat,
Dan welcher hat vnrecht gethaun,
Der must sich darob britschen laun,
Man straffet jn woll mit dem schwert,
Dess Herrn vnd Schutzen dazu ghert,
725 Man gab jm eins darmit fur kerbn,
Vnd mancher meint er muest gar sterbn,
Mit im hat man ein gutten mueth,
Vnd mancher der nams nit vergut,
Hat gmeint man soll in lassen gaun,
730 Hats drum nit vnoder wegen glaun,
Vnd als ichs warlich jetzund meld,
So hat zu gsehn ein grosse welt,
Dasselb gfiel mir von Hertzen woll,
Dan all Heusser die waren voll,
735 Von den Mannen vnd auch Frawen,
Die dem Schuessen thetten zu schauhen,
Wass als zugericht hipsch vnd fein,
Ein Prunnen hat man gfangen ein,
Der stund zunehst an der Schiesshütt,
740 Kein vnkost liess sie dauern nit,
Man liess ess malen alles roth,
Gross ehr man in erbotten hat,

Allen frembten Herrn vnd Schutzen,
    Weitter wollt man prauche vnd nutzen,
745 Sechzehen Man jn der Rustung,
    Darmit ich an die Zunfften kom,
Die Sach kan ich nit als erzöln,
    Jetliche Zunfft thet ein erwöln,
Jn guttem Harnisch vnd wehr.
750   Wie man die brauchet in ein her,
Mit Sturmhuetten Hellenpartten,
    Dess Schiessplatz soltn sie all wartten,
Wo da wolt gschehen ein voruw,
    Solten sie es nit geben zu,
755 Vnd solten den Handel vertragn,
    Oder erwölten Neuner sagn,
Vnd wie ich da wolt furbass gaun,
    Ein Ochssen sach ich vor mir staun,
Gar schön bedekht mit allem Fleiss,
760   Mit einer Dekhin rott vnd weiss,
Keinr kurtzweill was da nit zuuil,
    Vmb den Ochssen spilten jr vill,
Zwen Creutzer die legt einer ein,
    Die meisten Augen worffens dreyn,
765 Auff blinden wurffeln es geschach,
    Vnd der jn gewan frölich sach,
Hinder dem Rain vnd vor der Port,
    Die Kegelbletz warn alss ichs hort,
Jm Tantzhauss da fannd ich auch stan,
770   Ein Bort das het neun Löcher schon,
So weit waren sie geschnitten,
    Das dardurch fallen mit siden,
Kond ein Rechenpfening der klanng,
    So er durchs Loch auff die ert sprang,
775 Vnd als ich nam des spilss recht acht,
    Welcher zum maisten durch hin bracht,
Von neun der Pfening so merkht mich,
    Der nam das gesetzt gelt zu sich,
Alss ich in meim gaung furbass kam,
780   Jm Tantzhauss auch verner vernam,
Zwo lang taffeln vonden vermacht,
    Des spilss ich auch von Hertzen lacht,
Als mancher maint vill zu gwinen,
    Aber der klukher thet rinen,
785 Von der Taffel woll zu der ert,

Jedoch er das gsetzt gelt hin nam,
   So von zwelff Klukhern vkerkam,
Jn Löchern vill der Augen frey,
790   Hiomit das auch also gmeld sey,
Biss ich widerumb kom herbey,
   Schaw volgends wass verhaanden sey,
Jm Tantzhaus gantz woll besumen,
   Zu den Brennten bin ich komen,
795 Sie waren gmacht mit allem Fleiss,
   Einr fodert schwartz der ander weiss,
Darumb da was ein gross gedreng,
   Trechter warn weit vnd vnden eng,
Mit einem wurffel warff man dreyn,
800   Gwun er die schantz, das gelt was sein,
Es was furwar nit gutte mehr,
   Macht manchem offt sein sekhel lehr,
Es gfiel mir selbert auch nit woll,
   Dem andern wurt sein sekhel voll,
805 Allerley spill in der Sumen,
   Bracht dem Schuessen guetten fromen,
Wegen seiner Nebenkurtzweill,
   Ho ho ich nun von dannen eil,
Zu meinen Herrn vff den Blan,
810   Das Schiessen wurd sich fahen an,
Woll jn der Statt da schlug man vmb,
   Jedlicher Schutz an Zilstatt kom,
Den Schutzenbrieff wolt man erzeln,
   Vnd das man solt Neuner erwöhln,
815 Sechs von den Frembten drey von ju,
   So Herren kurtzlich meinen sin,
Da seind die Schutzen zsamen komen,
   Auffm Schiessblan, ich habs vernomen,
Man hiess sy all zu samen gohn,
820   An einen Ring thut mich verstohn,
Man wurd in etwas zeigen an,
   Das solt man sie bald wissen laun,
Wurd in verkinden neue Mehr,
   Jn dem kamen die Herrn her,
825 Herr Stettmeister etlich dess Raths,
   Sagten den Herrn von der That,
Woll zu den Schutzen was in gauch,
   Die Dienner der Herrn giengen nach,
Jn lautter rott beklaid gar fein,
830   Vnd giengen zu den Schutzen ein,

Wuess die Schutzen hand vernomen,
 Das die Herrn so stattlich komen,
Ginngen zu in jn Ring hinein,
 Stunden die Schutzn zichtig vnd fein,
835 Mit blossem Haubt wie sich geburt,
 Der Herr Stattschreiber ward geflert,
Herr Stettmeister wolt nit leitten,
 Must zu jhm stehn an die linkh Seitn,
Vnd thet also woll furhin staun,
840 Hat red von wegen eins Raths gethaun,
Er zeigts den Herrn vnd Schutzn an,
 Gab in die Sach weisslich zuuerstan,
Sprach Edel, fursichtig vnd weiss,
 Vermerkhen mich mit allem Fleiss.
845 Mit zichtig wortten hipsch vnd fein,
 Hiess er sie All Gott wilkum sein,
Ein Erbar Rat lest euch empfahn,
 Gar hoch das last euch nit verschmahn.
Wils anzeigen bey gutter Zeit,
850 Ewer zukunfft sie hoch erfreit,
Herrn Stettmeister ein weisser Rath,
 Die mir solchs befohlen hat,
Weil ir das Schreibn habt vernomen,
 Seit meinen Herrn zeehren komen,
855 Auff jr vorgenomen Schiessen,
 Last euch des wegs nit verdriessen,
Dess ich die Sach euch recht bedeut,
 Mein Herrn wollen zu aller Zeit,
Herrn Stettmeister Ein Erbar Rath,
860 Zu jeder Zeit frue vnd auch spath.
Widerumb euch solchs vergleichen,
 Von den Schutzen gar nit weichen,
Verner muss ich euch zeigen an,
 Ein sicher Glaid solt jr All han,
865 Merkht die Rett jetzunder eben,
 Die Herrn von Wormbss thuns euch geben,
Euch Schutzen ein frey sicher Glaid,
 Den Herrn es wer von Hertzen layd,
Wo eim Schutzn solt Laid geechehen,
870 Gross Lob mus ich den Herrn verriehn,
Sie woltn das gar woll verwalten,
 Solt sich ainer glaitlich halten,
Er zeigt jms als fein fleissig an,
 Das hat gehört Frawen vnd Man.

875 Sein Weisshait was gar gschwint bedacht,
 Vnd hat all Sach fein herfur bracht,
Wass vff den Schuessen gewonheit jst,
 Sagt er jn als woll zu der frist,
Er hat ankert gar grossen Fleiss,
880 Sein Weissheit ich mit Lob auch preiss,
Er hat die Rett vorn Schutzen gethaun,
 Sein Namen will ich zeigen an,
Der Herr jst mir gar woll bekannd,
 Dauit Ruff so ist er genanndt,
885 Stattschreiber zu Wormbs jn der Statt,
 Ein Erbar Rath in gar lieb hat,
Die Fraw die sprach das jst ein Zier,
 Ach lieber Freundt sagt weider mir,
Wie seind die Herrn dess Raths genandt,
890 Kenstu jhr Weissheit Aller sambt,
Wan ich die Herrn euch nennen soll,
 Mein Fraw ich ken jr etlich woll.
Der Herr Stettmeister mit Namen,
 Sein Weissheit thet sich nit schamen,
895 Geörg Glasser Ernuest vnd weiss,
 Die Schutzn geben jm hohen Preiss,
Wies ein solichen Herrn geburt,
 Jn seinem Ampt gar woll reygiert,
So heren kurtzlich meinen Sin,
900 Ein Herr dess Raths ginng neben Jm,
Sein Weissheit will jch jetzt nenen,
 Ein gantze gmain wirt jn kennen,
Bartel Stautt des Raths Senior,
 Die zwen Herren die giengen vor,
905 Den andern zwen Herrn was gar gach,
 Herr Geörg Krapf der gieng hernach,
Geörg Eucharius Mospach,
 Als ein verordneter zur sach,
Der thet sich nit lang streytten,
910 Gieng neben Krapffen zur linkhen Seitten,
Vnd sind bed Herrn des alten Raths,
 Der solche sachn verordnet hat.
Das man solt die Neuner wöhlen,
 Mit Namen wil ichs erzehlen,
915 Die Herren von wormbs wöhlten drey,
 Bey jrn Namen da nen ichs frey,
Herr Georg Krapp sein Weissheit gnandt,
 Alter Stettmeister trug nits Ampt,

Den andern Herrn ich nennen soll,
920   Sein Weissheit ich thu kennen woll,
Georg Eucharius Mospach,
    Alter Stettmeister hat sein Acht,
Den dritten so man hat erwöhlt,
    Mit Namen hab in nit erzöhlt,
925 Herr Hanns Kegel des gmainen Raths,
    Was der drit so Wormbs geben hat,
Jr habt von wormbs drey veruomen,
    Gleich jsts an die Frembten kumen,
Thetten jre Neuner machen,
930   Wie es dan ghört zu sololih sachen,
Geistlich Churfürst vnd Prelatten,
    Keinz Neuners mochtenns gerathen,
Sein Weissheit ist mir auch bekannd,
    Caspar Forchund ist er genandt,
935 Ein Herr des Raths Burger der statt,
    Von Mentz den Namen also hat.
Weltlicher Chur vnd Fursten wegen,
    Musten auch ein Neuner geben,
Veldin Liep des Raths zu der Zeit,
940   Vnd Burgermeister als ich deut,
Zu Haydelberg, furstlicher Statt,
    Der drit sein Namen also hat,
Martin Spiess shhultheiss zu vbrweiln,
    Vom Halligen Reich der viert thet eyln,
945 Matheius Weikher von Straspurg,
    Sein Weissheit die genomon wurd,
Ein Herr des funffzehnten Rath,
    Der funfft Neuner kam nit zu spath,
Von Chur vnd Fursten Stett wegen,
950   Wolt er des Neuners Ampt pflegen,
Valtin Stauff von Stuttgarten,
    Seines Diennst thet er fleissig warden,
Dan er hat darmit wenig ruw,
    Dem von wurttemberg ghört er zu,
955 Von der vnndern vnd obern Pfalz,
    Jr habt die Handlung noch nit als,
Jacob Kräfftel des Raths gwöhlt ward,
    Von der Neuenstatt an der Hart,
Die warn All zu Neuner erwöhlt,
    Den Schutzenbrieff hat man erzöhlt,
Kein Mueh die solt sie verdriessen,
    Sie wolta mit ein ander bschliessen,

Wie es dan ghört zu solchn Sachn,
    Wie vill der viertel woltens machen,
965 Habens mit einander bschlossen,
    Das vier viertel waren gschossen,
Der rott Fahn schuss zum ersten an,
    Das ander was ein weisser fahn,
Der dritt was grien den stekht man vff,
970   Den viert ganntz gelb sach eben drauff,
Des Britschen Nam ich auch gud acht.
    Das ein Leg gelt was als gemacht,
Darnach fieng man zu schiessen an.
    Da ward als fleissig Jetterman,
975 Das thet man auch den Schutzen sagn,
    Vnd alle sach was fein ausstragn,
Wie wols kein Schutzn hat verdrossen,
    Welcher nach der Vhr hat gschossen.
Derselb hat sein schuss verloren,
980   Dem Schutzen thetts gar mechtig Zorn,
Der dasselb hat vbersehen.
    Den Neunern muss ich veriehen,
Jr Ampt habens versehen woll,
    Darumb ichs billich preissen soll,
985 Wo sie sahen ein wider wiln,
    Mit sanfften worden thattens stilln,
Dass Niemant solt vnrecht geschehen,
    Eins mus ich den Herrn veriehen,
Zum Beltz ausziehn vnd zwikhel messn.
990   Dasselbig habens nit vergessn,
Des gmeinen Rath, drauss Herrn gewöhlt,
    Jr Namen hab ich nit erzöhlt,
Dass sol noch hinden nacher gschehn,
    Bei jru Wappen thu veriehen,
995 Will solches jetzund verkünden,
    Mit jrn Namen daselbst finden,
Vnd wie das Schiessen was halb aus,
    Das Jederman gieng heim zu Haus,
Jn sein Herberg wie sich gebiert.
1000   Den Schiessblatz hab ich auch probiert,
Darmit will ich gar nichts vergessn,
    So hab ich den Schiessblatz abgemesan.
Vber die Zwerch da was er brait,
    Sechss vnd viertzig Schrit vff meinen aid,
1005 Vnd von der Schiesshitten angfang,
    Zwey hundert Neuntzig Werkhschuoh lang,

Ein weisser Rath thet sie bedenkhn,
Jn Gnaden allen Schutzn schenkhn.
Wer einer gleich arm oder reich,
1010   So schenkht man in alsam gleich,
Den allerbesten gutten Wein,
    Den trug man in ir Herberg ein,
Ein Rath hats mit dem Wein verehrt,
    Das hab ich selbst gsehen vnd ghört,
1015 Gar schen mit Wortten mans entdekht,
    Den Schutzn cu hoch Lob erwekht.
Gegen eim Erbarn Rath mit Dankh,
    Vmb den stattlich verehrten Drunkh.
Mit siben grossen Flaschen voll,
1020   Den Schutzen gfiels von Hertzen woll,
Jn all Herberg hat man tragen,
    Von der Gastung mus ich sagen.
Des mir die Schutzn haben thaun,
    Das will ich sie noch geniessen laun,
1025 Jch red das ohn allen Schaden,
    Mich mein Sohn da habens gladen.
Schutzen zu jrem verehrten Wein,
    Jr Lob das ist bey vnns nit klein.
Wir hatten gar ein gutten muth,
1030   Wie man dan vff dem Schiessen thut.
Kerten Becher vmb vber sich,
    Das wass furwar ein Spil fur mich.
Es thet mir soliches gar nit schaden,
    Ein Rath die Herrn hat zgast gladen,
1035 Die Herren von Straspurg merkht mich,
    Vnd von Frannkhfurt bin ich bericht,
Dasselb hab ich woll vernomen,
    Darzu sein die Neuner komen,
Auch desgleichen ein alter Rath,
1040   Zu Wormbs der Gastung ghalten hat,
Die Malzeit was auff dem kaufhauss,
    Stelt man gut essen trinkhen auff.
Es ist furwar ein guetter wiert,
    Hats gar herlich vnd woll tractiert,
1045 Was als berait mit allem Fleiss,
    Mit guettem Wein köstlicher Speise.
Das red ich auff mein leste Farth,
    Gar woll hat man den Herrn gewarth,
Mit aller kurtzweil freudt vnd muth,
    Wie man bey solchen Herren thut,

Dan keiner kurtzweill was zuuill,
    Mit geigen, Laut vnd Zitterspill,
Mit der Sakhpfeiff wurd kurtzweil triebn,
    Pfeiff vnd Trumel ist nit vssbbliebn,
1055 Sampt annder kurtzweill ward volbracht,
    Alss ich mir selbert haimlich dacht,
Was es gfiel mir selbert woll,
    Wie sich die Hetz trankh zimlich voll,
Ain vmbtrunkh word angefanngen,
1060   Bei den Schutzen jst umbherr ganngen,
Von wegen einer gutten Stund,
    Kein Schutz dass nit abschlagen kond,
Was ein zimlich grosser Becher,
    Kund einr thon ein gutten Zecher,
1065 Vnd wie das Mal hat schier sein end,
    Da ward es ordenlich angwend,
Das man den Schutzen dankhen soll,
    Wegen Erscheinen das merkht woll,
Das hat der Herr Stattschreiber thaun,
1070   Den Herren allen dankhet schon,
Zichtig mit Wort, schönnen Sitten,
    That er die Herrn Schutzen bitten,
Sie wöllen haben gutten Muth,
    Mit einem Rath nemen verguth,
1075 Solichs geschach mit gutter ruw,
    Essen, trinkhen, dankhen darzu.
Keinns edleren Leben ich begert,
    Wan es holt hundert Jar het gwert,
Den Herren Wirth mus ich nennen,
1080   So die Schutzen zimlich kennen,
Hanns Hanna Wirt in dem Kauffhauss,
    Die Schutzen seind da zogen aas,
Kein Mueh thet in nit verdriessen,
    Wie anfieng das Buchssen schuessen,
1085 Morgens der Stachl fieng wider an,
    Zu schiessen das sach Jederman,
Da stund ich auch vnd sach in zu,
    Wie die Schutzen hatten kein ruw,
Auff das ein Jeder sach stekhen,
1090   Sein Boltz ehe die vhr thet wekhen,
Jns Blad zu treffen Bruederlein,
    Wem solcher schuss geried merkht fein,
Jn zweyer Laden thet man legn,
    Der Herr liess es nit vnder wegn,

1095 Er trug sie hin in die Schreibhitt,
    Nach Schiessens Gewon Brauch vnd Sith,
Da ward er fleissig gschriben ein,
    Vnd auch die andern Schutzen fein,
Vnd der die Ladn getragen hat,
1100   Man findt in gschriben frue vnd spath,
Mit Namen will in jetzt nennen.
    Bey seim Wappen wird man kennen,
Herr Cristoff Bilgramb ist er gnand,
    Sein Weissheit ist gantz woll erkannd;
1105 Herr Hanns Fransheimer dessgeleich,
    Der Herrn Beltz so haben erschleicht,
Ein Schuss darumb so merkht mich recht,
    Wier dienner als verordnet knecht,
Trumel Pfeiffen zogen vorher,
1110   Vorn Herrn Neunern das was ein ehr.
Mit dem Fahnen, Hetz macht Bossen,
    Nerrisch gnug vber die massen,
Schus schrib man ein so ordenlich,
    Vnd das keiner kund klagen sich,
1115 Auch einer hiess der Wetzelbach,
    Der trug die Lad zun fehlern gmach,
Dess Ausszug, Treffer, Fehler klug,
    Jn die Schiesshitten ers dan trug,
Mit Namen hiess einer Hanns Hetz,
1120   Der trieb furwar vill vnnutz gschwetz,
Wan er die Beltz solt schreien aus,
    Riss sich gar waidlich in sein Hauss.
Des Jm zum Schiessen ward gebaut,
    Dan gar vill Volkhs jm da zuschaut,
1125 Den Schutzen riss er vill lahm Zotten.
    Vnd thet jr warlich sehr spotten.
Vor halbem Schuss ghörts jm nit zu,
    Noch hat der Gekh ja gar kein ruw.
Mit seinen nerrischen Bossen,
1130   Die Schutzen hats hart verdrossen,
Jch hort wie ers solt geniessen,
    Von den Schutzen vff dem Schiessen,
Gleich eim so truschet lehr stro aus,
    Das bhalt er selb dekh mit sein Haus,
1135 Vnd wie das Haubtschiessen was aus.
    Da zog man mit dem Fannen rauss.
Auss dem Burgerhoff vff gassen,
    Schön gebutzt vber die massen,

Jn der Ordnung daher zogen,

1140   Lastig Knaben so da trugen,

Die Fannen frisch zu dem Schiessen,

    Jederman auch thet da biessen,

Wolten sehen diesen Lust in ehrn,

    Die Gmain lobt darum noch jr Herrn,

1145 Das muss ich retten auff mein aid,

    Jn weissen Hemder schön beklaid.

Mit rotten Binden fein vmbgirth,

    Von guetter Seidin Knaben ziert,

Die Zier habt Jr fur war nit als,

1150   Rott Seydin Binden vmb den Hals,

Mit Schild vnd Wappen schön geziert,

    Wie sich zu solcher Sach gebiert,

Wils mit der Warhait recht verkunden,

    Adler vorn ein Schlissel hinden,

1155 Schön Krentz gewunden mit guldin Schniern,

    That der Knaben Haubt schön ziern,

Was ich red ist nit erlogen,

    Vber den Markht ist man zogen,

Ja was das nit ein grosse ehr,

1160   Die Herrn von Wormbs zogen vorher,

Mit sambt den Neunern ausserwöhlt,

    Jr waren Sechs ich habs gezölt.

Mit Busaun, Pfeiffen vnd Trumen,

    Jst man auff den Schiessblatz komen,

1165 Furwar da was gar kein Betrug,

    Es was furwar ein schönner Zug,

Die Schutzen sahenns eben an,

    Was jetter gewan fur ein fahn,

Von rotter Seyden schön vnd gutt,

1170   Erfreid den Schutzen Sin vnd Muth.

Mit beiden Wappen schön bosiert,

    Vnd das die Fannen hat geziert,

Darnach furd man die Knaben vmb,

    Biss man zu der Schreibhitten kumb.

1175 Zwen Knabn trugn an der Stangen,

    Vil der Sekhel sach ich hanngen.

Man henklt sie dran mit allem Fleiss.

    Waren von Seyden rott vnd weiss.

Dasselb gfiel mir von Hertzen woll,

1180   Das Gelt lag drin warn doch nit voll.

Darnach da lies man schlagen vmb,

    Wer gwonen hat derselb bald komb,

Dem wolt man da sein Fannen gebn,
Mit sambt dem Geld das war daroebn,
1185 Solchs gschach jnnerhalb der Schrankhen,
Die Schutzen auch freundtlich dankhen.
Eim weissen Rath vnd den Herren,
Vmb all freundschafft erzeigter ehrn,
Wie nun die Fannen warn ausgebn,
1190 Thet mancher Schutz erst frölich lebn.
Merkht es bleibt warlich nichts verschwign,
Ein grosser Fahn was vberbliebn,
Jch dacht wem ghert der Fannen zu,
Warlich ich hat die weil kein ruw,
1195 Vnd wie ich mir also gedacht,
Drey schön Junkhfrawen hat man bracht,
Die warn gar schön klaid vnd ziert,
Wie sich zu solcher Ehr gebürt,
Als woltens gehn zu einem Tantz,
1200 Die jn der mitten trug ein Krantz,
Mit Gold vnd Berlen was er ziert,
Drey Rathsherrn haund Junkhfrawen gfiert,
Mit Pfeiffen Trumel was in gach,
Die Junkhfrawen giengen den Herrn nach,
1205 Das red ich auff mein leste Farth,
Drey Megt haben auf sie gewarth.
Wil euch verkunden weiter mehr,
Die drey Britscher zogen vorher,
Zun Schutzen dar in kurtzer Frist.
1210 Von Hertzen het ich gern gewusst,
Wem man den Krantz wurd setzen auff,
Heimlich sach ich gar eben drauff,
Darnach hab ich gross verlanngen,
Bald kam Herr Stettmeister gangen.
1215 Sein Weissheit was gar woll bedacht,
Die Herrn des Raths All mit Jm bracht,
Die Anfangs seind bey Jm gwessen,
Jetzt herend ein zichtigs wessen.
Als ich die Sach vernomen hab,
1220 Dankht man den Schutzen fleissig ab,
Zichtig von Worten hohen Sitten,
Lies man die Herrn vnd Schutzen bitten.
Wie man dan solchen Herren thut,
Mit den von Wormbs nemen vergutt,
1225 Dan wo in wer kein Gniegn gschehen,
Jn Herbergen mus veriehen,

So wers den Herren trewlich laid,
    Den Schutzen gab man weider bschaid,
Welches sie nit soll verdriessen,
1230   Zu bleiben bey dem Nachschiessen,
Die Herrn von Wormbs thattens bedenkhn,
    Ein schönen Ochssen zum Besten schenkhn,
Der soll gezieret sein mit Fleiss,
    Mit Seydin bedekht rott vnd weis,
1235 Woll dreissig guldin ward er werd,
    Das hab ich von den Metzgern gherd,
Die von Wormbs haben beschlossen,
    Zwelff Schuss hat man darumb gschossen,
Mit Freiden sollens schiessen dreyn,
1240   Ein guldin auch das Leggelt sein,
Ja wasdas nit ein grosse ehr,
    Die Herren furtten drey Junkhfrawen her,
Die Mittel trug ein schönen Krantz,
    Darmit Gselschaft solt pleiben gantz,
1245 Die Ernuest weiss gunstig Herren,
    Wolten jrn Schiesskrantz verehren,
Die Herrn von Wormbs ein weisser Rath,
    Die solich kurtzweil ghalten hat,
Herr Stattschreiber der zeigetts an,
1250   Zichtig mit Worten thuet verstan,
Ein Erbar Rath hat sich bedacht,
    Junkhfrawn zum Herrn von Straspurg bracht,
Dieselb that sich bald bedenkhen,
    Denn von Strasburg vffsetzn schenkhen,
1255 Den schönen woll gemachten Krantz,
    Mit der Junkhfrawn thet er ein Dantz,
Satzt im den Krantz schon auff sein Haubt.
    Darnach die Junkhfrawen begabt,
Vnd der den Krantz entpffanngen hat,
1260   Sein Weisshait also gschriben statt,
Matheus Weikher der da jst,
    Ein Funffzehner Herr zu der Frist,
Des Raths zu Straspurg wolgethaun,
    Hilft seiner Gmain nutzlich vorstaun,
1265 Sein Weissheit ward gschwind bedenkhen,
    Ein Stukh Goldes der Junkhfrawn schenkhen,
Sagt den von Wormbs hoch Lob vnd Dankh,
    Vmb jr Verehrung vnd auch Schankh,
Das Jm ein Rath zu Wormbs hat than,
1270   Sein Herrn zu Straspurg zeigen an,

Will dissen Krantz daselbst hinfliern,
    Eim weissen Rath sein presentiern,
Mag das mit der Warheit jehen,
    Auff keim Schiessn hab ich das geehen,.
1275 Als ichs zu Wormbs erfaren hann.
    Drumb tragen sie hoch Lob daruon,
Darnach da schlug man wider umb,
    Das jeder Schutz zu zwelff vhr komb,
Daselbsten vnuerzuglich sein.
1280   Der schiessen wolt mit Freyden dreyn,
Das hat die Schutzen nit verdrossen,
    Vmb den Ochssen habens gschossen,
Gleich nachdem es die Zwelffen schlug,
    Vnd einglegt ward das Gold mit fug,
1285 Gar herlich ists dan zu ganngen,
    Wie das Schiessn hat angfanngen,
Da ward warlich woll geschossen,
    Welcher vill traff, der hats gnossen.
Vill kurtzweil ward darob trieben,
1290   Welcher Schutz jst beym Schiessen blieben,
Der jm Hauptschiessen nichts hat gwonnen,
    Jst es jetzt zu guttem komen,
Das Glukh rad hat sich keret rumb,
    Vnnder den Schutzen Ringsweiss vmb,
1295 Das ich warlich daruon nit weich,
    Vier kamen mit den Schussen gleich,
Musten vmb den Ochssen stechen,
    Wolt sich einer am Audern rechen,
Vnnd der den Ochssen gewonnen hat,
1300   Jst Burger zu Wormbs jn der Statt.
Niclaus Jungler heist er mit Nam,
    Seins Handwerkhs darff er sich nit scham
Das sag ich auch ohn als gefehr,
    Jst seines Handwerkhs ein Weissgerber,
1305 Der hat in gwonen Ritterlich.
    Sein gutten Fleiss den lob auch ich,
Die Herrn von Wormbs solchs hertzlich freud,
    Das jr Burger hant Fleiss angleid.
Das solt jr bey dem glauben mir,
1310   Dan man shac da ein sonnder Zier,
Ob dem Ochssen schön wolgethann,
    Der Dekhin seidin Zethlin staun,
Sein Herrn von Wormbs haun sie bedacht,
    Den Ochssen also zierlich bracht,

1315 Man furt in auff die Zilstatt nein,
  Vor alle Schutzen in gemein,
 Es was furwar ein fraidige thier,
  Dreyen Metzgern entlieffer schier,
 Eim vornen vnd zweyen hinden,
1320 Will die Warheit bass verkinden,
 Vnd was das nit ein grosse ehr,
  Die Herrn von Wormbs giengen vorher,
 Mit Trumel Pfeiffen wies gebiert,
  Die Knaben warend aber ziert,
1325 So die Fannen haun getragen,
  Dem Wasserweib muss ichs sagen,
 Wies zogen auff den Schiessblatz ein,
  Mit den Ochssen es stund als fein,
 Dan abermal da schlug man vmb.
1330 Eis Schutz der gwonn, bald zuher kom,
 Dem wolt man da sein Fannen gebn,
  Mit sambt dem Gelt das lag darnebn,
 Vnd der den Ochsen gwonnen hat,
  Rufft jm hinzu wie bald er gath,
1335 Sein Herren hatten wenig ruw,
  Biss man Jm steld den Ochsen zu,
 Mit sambt eym seydin schönen Fahn,
  Wurd er gar fein gericht hindan,
 Sagt seinen Herrn gross Lob vnd Dankh,
1340 Woll vmb diss best vnd Jr geschannkh,
 Also da was das Schiessen aus,
  Das man solt ziehen haim zu hanss,
 Als ich noch mehr vernomen hab,
  Dankh man den Schutzen fleissig ab,
1345 Mit Winschung Gluch. Hail vnd Wolfarth,
  An Zucht vnd ehrn ward nichts gespart,
 Das komben haim zu Weib vnd Kind,
  Der Schutzen Namen nachher stennd,
 Die hab ich ordenlich ein gschribn,
1350 Keiner ist mir dahinden hliebn,
 Wil dern Namen all verkinden,
  Bey jrn Wappen wird mans finden,
 Das Stachelschiessen will ich bschliessen,
  Es mecht die Herrn sonnst verdriessen.
1355 Wan ich die Sach machet zu lanng,
  Vom andern Schiessen ich anfanng,
 Dan mir soll nichts aussen bleiben,
  Wil das auch ordenlich bschreiben,

Edel Ernuest Fursichtig weiss,
1360   Bit Ewer Gnad mtt allem Fleiss,
Ob ich der Sach zwenig hat thaun,
     Jr wolt michs nit entgelden lauu,
Dan ich zimliches Alters ben.
     Hab nit gstudiert wie ichs bekenn,
1367 Auff die lest wird ich mich nennen,
     Schutzen werden mich schon kennen,
Beim Glukhhaffen dass gschehen soll,
     Lebt frisch dieweil vnd ghabt euch woll.

Die Herrn vnd Erwelten Neuner jm Arm-
brostschiessen.

Geistlich Churfursten vnd Breladen wegen,
Caspar Forchunt des Raths zu Meintz,
     Weltlicher Chur vnd Fursten wegen
Veltin Liep Burgermeister zu Haidelberg,
     Grauen Freyhern vnd Ritterschafft wegen,
Mardin Spies, Schultheis zu Urweiller,
     Der Erbern Frey vnd Reichs Sett wegen.
Matheus Wikher des 15 Raths zu Strassburg,
     Chur vnd Fursten Stett wegen.
Veltin Stauff von Stuttgart,
     Vnder vnd Obern Pfaltz wegen,
Jacob Crafftel des Raths zu der Neustatt,
     Von wegen der Frey und Reichs Statt
     Wormbs,
Herr Jörg Krapf alter Stettmeister des beständi-
     gen Raths zu Wormbs vnd jetzigen
     Schultheis,
Herr Jörg Eucharius Mospach des beständigen
     Raths vnd Stettmeister zu Wormbs,
Herr Hanns Khegel des gmeinen Raths vnd jetzi-
     ger Burgermeister zu Wormbs.

Das erst Viertel vnder dem rotten Fanen.

Die loblich Frey vnd Reichs Statt Wormbs mit sambt Chur-
furstlicher Statt Meintz.

	Sehte.
Herr Jorg Krapf alter Stettmeister vnd jetziger Schult- heiss zu Wormbs	8
Herr Jörg EuchariusMospach alter Stettmeister ,, ,,	11
Hr. Hanss Jacob Oppenheimer alter Schultheis ,, ,,	1
H. Vrban Neumair alter Burgermeister ,, ,,	2
H. Hannss Khegel des gemeinen Raths ,, ,,	1
H. Hannss Walther des gemainen Raths ,, ,,	4
H. Johan Peuschel, Vierer Herr von Wormbs	1
H. Conrath Rinkh ,, ,,	5
Hannss Vischer, Schaffner ,, ,,	2
Petter Schnüw ,, ,,	20
Hanns Orth ,, ,,	16
Niclas Jungler ,, ,,	16
Saloman Jungler ,, ,,	11
Assmus Mauerhamer ,, ,,	10
Veltin Blankh, Schutzenmaister ,, ,,	9
Paul Willich ,, ,,	9
Sebastian Ziegenbarth ,, ,,	9
Hannss Khaisser, Armbruster ,, ,,	8
Thomas Brum, Orgonist ,, ,,	8
Hannss Frankh eins E. Raths Burguogt ,, ,,	6
Ambrosius Forster ,, ,,	6
Christoph Ross ,, ,,	6
Matheus Khessler ,, ,,	6
Daniel Gell ,, ,,	2
Wilhelm Lewpiper ,, ,,	0
H. Jörg Muller, Kheller zum Stein	14
H. Caspar Forchhundt dess Raths von Meintz	13
Vlrich Hekher ,, ,,	19
Hannss Boltzmacher ,, ,,	17
Jacob Crafft ,, ,,	13
Caspar Emerich ,, ,,	9
Hanns Raw ,, ,,	2
Heinrich Beusser ,, ,,	1

Das ander Viertel jm weissen Fanen.

Die loblich Frey Statt Strasburg, mit jr Frankbfurt, Speyr,
Wimpfen, als des Heilligen Römischen Reichs Stette.

Herr Matheus Wiekher des 15 Raths von Strassburg	12
H. Niclas Fuchs dess 15 Raths ,, ,,	12
H. Danit Geiger des 21 Raths ,, ,,	16
H. Jörg Golder der Herrn 15 Schreiber ,, ,,	19
Georg Kobenhaubt ,, ,,	20
veit Betz ,, ,,	16
Lorenntz Zelss ,, ,,	9
Junker Hieron. Augustus von Holtzhaussen zu Frankbfurt	15
J. Johan Hector von Holzhaussen ,, ,,	11
J. Heinrich Hestermann von Frankbfurt	14
J. Weikher Brum ,, ,,	12
J. Johan zum Junghen ,, ,,	6

	Schss.
Geörg Sprintz von Frankhfurt	16
Veltin Sprintz „ „	13
Balthassar Han „ „	18
Heinrich Offenbach „ „	14
Claus Engel „ „	13
Hanns Khekh „ „	12
Conrath Hetzel „ „	12
Herr Wendel Grienwalt des Raths von Speyr	3
Hanns Schnieb „ „	14
Niclas Hailman „ „	10
Jacob Heussensteiner „ „	9
Hanss Reinhart Zeitbäs „ „	7
Diettrich Greff „ „	4
Jörg Bogner „ „	2
Oswalt Sieber „ „	1
Jacob Zalmeister von Wimppen	12
Bernhart Gauch „ „	6
Mardin Spies Schultheis zu Vbrweiller	1

Das drit Vierdel jm grienen Fanen.

Die Churfurstl·oh Pfaltz, Marggraffschafft Baden, Wirdenberg, Brusel jm Stifft Speyr, Jtem Eslingen vnd Cron Weissenburg als Reichs Stett.

	Schss.
Herr Fridrich Pfaltzgraff Churfurst von Haidelberg	16
H. Veltin Liep Burgermeister „ „	17
Hanns Paul Muller „ „	17
Bastian Fasolt von Eberbach, Stattschreiber	16
Petter Oelschlager von Haidelberg	16
Peter Herman „ „	11
Niclas Burggraff „ „	10
Jacob Klaff Schenkhel „ „	7
Jörg Heugele „ „	4
Gundacher Lauerhas von Stuttgart	21
Veltin Stauff „ „	18
Hanns Schlaginthauffen „ „	17
Bernhart Straucher „ „	15
Michel Herman „ „	15
Hanns Lang von Durlach	14
Jörg Muller „ „	10
Hanns Vaith „ „	7
Mathies Rhein „ „	2
Conrath Bauer von Pfortzheim	12
Hanns Jorg Meng „ „	5
Fabian Dirwalt von Bruessel	20
Michel Kolb „ „	10
Bastian Steuerer „ „	10
Hanns Ratt von Eslingen	18
Hanns Windenmacher „ „	15
Hanns Heugele „ „	12
Vlrich Eiselin „ „	12
Hannss Burkhardt „ „	10
H. Johann Volandt, Schultheiss von Eslingen	2
H. Hanns Khestel „ „	5
Vlrich Heuntz „ „	7
Marx Steuernagel • „ „	1

Das viert Viertel vnder dem gelben Fanen.

Die Churfurstlich Pfaltz, Hessen, Wirdenberg, Westerburg, Zirch aus Schweitz, Rottweill, Hailbron, Schwebischen Hall, Schwebischen Gmind als Reichs Stett.

	Schüs.
Johan Haber von Oppenheim	12
Hans Burkhart „ „	7
Michel Stier „ „	7
Johan Windter „	6
Balthassar Morr von Altzey	5
Veiht Koch von Creutznach	18
Melchior Gengel „ „	12
Niclas Nagel „ „	11
H. Jacob Crefftel des Raths zu der Neustatt an der Hart	14
Conrath Fleming „ „ „ „ „ „	14
Peter Spies Armbruster „ „ „ „ „ „	13
Peter Ebert „ „ „ „ „ „	12
Hanns Vogel „ „ „ „ „ „	4
Anthony Jung von Pfedersheim	2
Hanns Kinsch von Cassel in Hessen	12
H. Hanns Wolnhaubt, Burgermeister von Spangenberg	14
Hannss Siewalt von Spangenberg in Hessen	17
Heinrich Katzwinkhel „ „ „ „	14
Peter Schut „ „ „ „	6
Herman Stein von Eltuelt jn Hessen	13
Jacob Clos von Donnssdorff	25
Vlrich Straub „ „	15
Melchior Straub „ „	11
Michel Cuntz von Saussenheim	13
Veltin Betz „ „	12
Hanns Hail „ „	9
Heinrich Seunhausser von Zierch	16
Jörg Schmitt, Bogner von Rottweill	14
Hanns Betz von Hailbron	16
Mardin Friederich von Schwebischenhall	22
Hans Steinbuch von Schwebischen Gemindt	12
Hanns Bogner von Drauchburg	18

Verzaichnus in der galalt sein die Diener Beklaidt worden, aber Lienhart vnd valtin Flechsel, pritschmaister v. Augspurg habens in reimweis verfast, 1575. (Siehe die Zeichnung Nr. I. die beyden Flechsel.)

Vor den Haubt Fanen vnnd gewineder Sein gezogen zway Spill jn jrer Kleidung geziert. 1575. (Siehe Tafel II.)

Der **Best Fahn** jm Armbrost **Nachschiesn** mit sambt dem Ochssen zugestellt worden. Siehe die Zeichnung Nr. III., die weissen Tupfen im Fahnen stellen den Preis von 50 Gulden vor.)

	Schuss	fl.	kr.
1. Jacob Clos von Donnssdorf	25	50	—
2. Mardin Fiderich von Schwebischen Hall	22	12	—
3. Gundacher Lauerhas von Stuttgart	21	9	—
4. Fabian Dirwalt von Bruessel	20	8	—
5. Jörg Khobenhaubt von Strassburg	20	7	28
6. Peter Schnäb von Wormbs	20	7	—
7. Vlrich Hekher von Meintz	19	6	26
8. H. Jorg Golder von Strassburg	19	6	—

	Schus	s.	kr.
9. Balthassar Han von Frankhfurt	18	5	41
10. Veit Koch von Creutznach	18	5	32
11. Hanns Bogner von Drauchburg	18	5	15
12. Veltin Stauff von Stuttgart	18	5	—
13. Hanns Datt von Eslingen	18	4	45
14. Hanns Boltzmacher von Meintz	17	4	32
15. Hanns Siebalt von Spangenberg	17	4	15
16. Henns Paul Muller von Haidelberg	17	4	—
17. Hanns Schlagintbauffen von Stuttgart	17	3	45
18. Veltin Liep von Haidelberg	17	3	30
19. Hanns Orth von Wormbs	16	3	15
20. Peter Oelschlager von Haidelberg	16	3	—
21. Sebastian Fasolt von Eberbach	16	2	45
22. Niclas Jungler von Wormbs	16	2	30
23. H. Friderich Pfaltzgraff Churfurst	16	2	24
24. Jörg Sprintz von Frankhfurt	16	2	12
25. H. Dauit Geiger von Strassburg	16	2	—
26. Veit Betz „ „	16	1	57
27. Heinrieh Seunhausser von Zierch	16	1	50
28 Hanns Betz von Hailbron	16	1	48
29. Jheronimus Augustus (v. Holzhausen) von Frankfurt	15	1	44
30. Hanns Windenmacher von Eslingen	15	1	42
31. Vlrich Straub von Donssdorff	15	1	40
32. Michel Herman von Stuttgart	15	1	39
33. Bernhart Straucher von Stuttgert	15	1	36
34. Jacob Crafft von Meintz	15	1	33
35. Hanns Lang von Durlach	14	1	30
36. J. Heinrich Hesterman von Frankhfurt	14	1	27
37. Heinrich Offenbach „ „	14	1	24
38. Jacob Crefftel von der Neustatt	14	1	21
39. Jörg Schmidt, Bogner von Rottweil	14	1	18
40. Heinrich Khatzwinkhel von Spangenberg	14	1	15
41. Hanns Schneb von Speyr	14	1	14
42. Conrath Fleming von der Neustatt	14	1	13
43. H. Jörg Muller, Kheller zum Stein	14	1	12

Die vier Ritter Schus.

1. Saloman Jungler von Wormbs	—	1	20
2. Jacob Zalmeister von Wimppen	—	1	20
3. Hannss Jörg Meng von Pfortzheim	—	1	20
4. Petter Schut von Spangenberg	—	1	20

Die Herrn von Wormbs haben den **Krantz** mit dem Armbrost verehrt vnd aufgesetzt H. Matheus Wiekher des 15 Raths der Kaiserlichen Frey Statt Strasburg geantwort.

Das erst Viertel jm Nachschiesn vnnder dem gelben Fanen.

	Schuss.
Ludwig Dirbach Stattschreiber von Oppenheim	6
Michel Stier „ „	4
Johan Windter „ „	3
Johan Baber „ „	3
Hans Burkhart Jngweiller „ „	2
Balthassar Mor von Altzey	4
Veit Koch von Creutznach	7

	Schuss.
Niclas Nagel von Creutznach	6
Melchior Gengel von Creutznach	6
H. Jacob Crüfftel des Raths zu der Neustatt	10
Hannss Vogel ,, ,, ,,	7
Peter Spies ,, ,, ,,	5
Peter Ebert ,, ,, ,,	4
Conrath Fleming ,, ,, ,,	2
Simon Hag Amptmann zu Odernheim	4
Hanns Khob von Laumersheim	6
Hans Khinsch von Cassel jn Hessen	8
Herr Hans Wolnhauht von Spangenberg	6
Heinrich Katzwinkhel ,, ,,	9
Hannss Siebalt ,, ,,	8
Peter Schut ,, ,,	7
Jabob Closs von Donssdorff	11
Vlrich Straub ,,	11
Michel Cuntz von Saussenheim	10
Heinrich Seunhausser von Zierch	9
Jorg Schmidt, Bogner von Rottwelll	11
Hans Betz von Hailbron	8
Vlrich Vischer ,, ,,	6
Mardin Fridrich von Schwebischenhall	11
Hannss Bogner von Drauchburg	10

Das ander Viertel jm Nachschiesn vnder dem weissen Fanen.

	Schuss.
H. Matheus Wiekher des 15 Raths zu Strassburg	9
H. Niclas Fuchs des 15 Raths ,, ,,	11
H. Dauit Geiger des 21 Raths ,, ,,	10
H. Geörg Golder der Herrn 15 Schreiber zu Strassburg	12
Georg Kobenhaupt ,, ,,	11
Veit Betz ,, ,,	10
Lorentz Zeus ,, ,,	8
J. Jacob von Affenstein zu Dirmstein	4
J. Johan Hector von Holtzhaussen von Frankhfurt	11
J. Hieron. Augustus von Holtzhaussen von Frankhfurt,	8
J. Heinrich Hesterman ,, ,,	12
J. Weikher Brum ,, ,,	10
J. Johan zum Junghen ,, ,,	8
Claus Engel ,, ,,	10
Görg Sprintz ,, ,,	9
Veltin Sprintz ,, ,,	9
Balthasser Han ,, ,,	8
Heinrich Offenbach ,, ,,	7
Hanns Hekh ,, ,,	4
Hanns Schnieb von Speyr,	11
Jacob Heussenstemmer ,, ,,	7
Peter Stattler von Landaw	8
Bernhart Gauch von Wimppen	3
Jacob Zalmeister ,, ,,	3
Mardin Spiess von Vhrweiller	0

Das Viertel ist des dritt jm rotten Fanen.

			Schuss.
H. Jörg Krapf alter Stettmeister vnd jetziger Schultheis von Wormbs			7
H. Hans Jacob Oppenheimer alter Schultheis	„	„	2
H. Hanns Khegel des gemeinen Raths vnd jetziger Brgstr.	„	„	5
H. Hanns Walther des gemeinen Raths	„	„	8
H. Hans Beuschel vierer Herr	„	„	2
Niclas Jungler	„	„	12
Hanns Orth	„	„	11
Veltin Blankh, Schutzenmaister	„	„	10
Saloman Jungler	„	„	9
Peter Schnäw	„	„	8 .
Assmus Mauerhamer	„	„	7
Hans Khaiser, Armbruster	„	„	7
Thomas Brum, Orgonist	„	„	4
Conrath Rinkh	„	„	3
Ambrosius Forster	„	„	3
Hanns Frankh Eins E. Raths Burguogt	„	„	2
Paul Willich	„	„	2
Daniel Grell	„	„	1
Matheus Khessler	„	„	1
H. Jörg Muller, Kheller zum Stein			1
H. Caspar Forchhundt des Raths von Meintz			4
Hannss Boltzmacher	„	„	11
Jacob Crafft	„	„	8
Heinrich Beusser	„	„	8
Vlrich Hekher	„	„	6
Caspar Emerich	„	„	3

Das viert Viertel jm grienen Fanen.

Herr Friderich Pfaltzgraff Churfurst			11
Veltin Liep, Burgermaister von Haidelberg			10
Bastian Fasolt	„	„	11
Peter Hermann	„	„	9
Peter Oelschlager	„	„	9
Jacob Klappschenkhel	„	„	8
Hans Paul Muller	„	„	8
Matheus Harnisch	„	„	5
Niclas Burggraffe	„	„	3
Jacob Bun	„	„	0
Hans Lang von Durlach			7
Jorg Muller „	„		7
Mathies Rhein von Durlach			6
Hans Jörg Meng von Pfortzheim			10
Conrath Bauer „	„		9
Gundacher Lauerhas von Stuttgart			11
Michel Herman „	„		11
Bernhart Straucher „	„		9
Hanns Schlag in Hauffen von Stuttgart			9
Veltin Stauff „	„		9
Melchior Straub von Donssdorff			12
Fabian Dirwalt von Pruessel			11
Bastian Steuer „	„		7

	Schss.
Michel Kolb von Pruessel	5
Hannss Heugele von Eslingen	10
Hannss Burkhart „ „	5
Hannss Datt „ „	5
Vlrich Eiselin „ „	5
Vlrich Heuntz von Cron Weissenburg	7
Johan Khestel „ „ „	7
Marx Steuer „ „ „	6

Das Nachschiesn mit dem Armbrost ist gewest ain vngerischer Ochs vmb 32 fl. hat daz gewunen Niclas Jungler von Wormbs mit 12 Schus 1575. (Siehe die Abbildung Nr. IV.)

	Schuss	fl.	kr.
1. Niclas Jungler von Wormbs	12	32	—
2. J Heinrich Hestermann von Frankhfurt	12	8	—
3. Melchior Straub von Donnssdorff	12	7	—
4 H. Jorg Goldter von Strassburg	12	6	—
5. Sebastian Fasolt von Eberbach	11	5	16
6. Jacob Clos von Donnssdorff	11	5	—
7. Gundacher Lauerhas von Stuttgart	11	4	32
8. Hannss Schnieb von speyr	11	4	16
9. Jörg Kobenhaupt von Strassburg	11	4	8
10 Vlrich Straub von Donnssdorff	11	4	—
11. H Niclas Fuchs von Strassburg	11	3	32
12. Mardin Fridrich von Schwebischen Hall	11	3	24
13. Michel Herman von Stuttgart	11	3	16
14. Hanns Orth von Wermbs	11	3	8
15. Jörg Schmidt, Bogner von Rottweil	11	3	4
16 H. Fridrich Pfaltzgraff Churfurst	11	3	—
17. Hanns Boltzmacher von Meintz	11	2	40
18. Fabian Dirnwalt von Bruessel	11	2	36
19. J. Johan Hector von Holtzhaussen zu Frankhfurt	11	2	32
20 Veltin Blankh von Wormbs	10	2	24
21. Veltin Liep von Haidelberg	10	2	20
22. Veit Betz von Strassburg	10	2	16
23. Jacob Crefftel zu der Neustatt	10	2	12
24. Hanns Heugele von Eslingen	10	2	8
25. Hannss Bogner von Drauchburg	10	2	—
26. Clauss Engel von Frankhfurt	10	1	56
27. Hans Jörg Meng von Pfortzheim	10	1	52
28. H Dauit Geiger von Strassburg	10	1	48
29. Michel Cuntz von Sausnheim	10	1	44
30. Weikher Brom von Frankhfurt	10	1	40
31. Veltin Sprintz „ „	9	1	36
32. Hanns Schlaginhauffen von Stuttgart	9	1	32
33. Matheis Wikher von Strassburg	9	1	26
34. Heinrich Katzwinkhel von Spangenberg	9	1	24
35. Peter Herman von Haidelberg	9	1	20

Die vier Ritter Schüss.

1. Veit Koch von Creutzenach	—	1	12
2. Bernhart Gauch von Wimpfen	—	1	12
3. Caspar Forchhundt von Meintz	—	1	12
4. Jörg Muller von Durlach	—	1	12

Volgt hernach der Glüks-Haffen, was ainer darin gewunen hatt, als mit Namen beschriben vnd jn Reim weis verfasst durch Lionhart Flechsel, Britschen Maister von Augspurg, Alter Fursten vnd Schutzen Diener.

Wie baide Schiessen waren aus,
    Kam man zamen auf dem Rath Haus,
Das was der Burgerhoff genandt,
    Den Herrn des Raths jst er bekhanndt,
5 Herr Settmeister ain weisser Rath,
    Bschlusen vnd redten von der that,
Wie sy die Sach wendt greiffen an,
    Das zu khund sehen Jedterman,
Jr Weisshait was gantz vnuerdrossn,
10   Wie alle Sach was gar beschlossn,
Wie es dan ghert zu ehrlichn Sachn,
    Am oberstn vberm Glikhs Haffn machn,
Derselb solt haben allen Gwalt,
    Verordnet er gar schnel vnd palt.
15 Das die Knaben solten khumben,
    Jn Burgerhoff hab ich vernum,
Man solt sy sehen butzen vnd ziern,
    Auf den Obermarkh wirt maus stern,
Daselb hat man ain Haus auf baudt,
20   Ein grosse Welt hat man zugschaudt,
Sein Weisshait ist aim Rath bekhandt,
    Herr Schultess war dess Jar jm Ampt,
Er jst ein Herr des alten Raths,
    Also der Herr sein Namen hat,
25 Christoff Rainfarth haist er mit Nam,
    Sein Weissheit wolt sich gar nit sam,
Herr Petter Krapf desselben gleichn,
    Wolten nit von einander weichn,
Jn Sachn woltens sein geflissn,
30   Von Hertzen woltens entlich wissn,
Vnd wan der Glikhs Haffn soll ausgan,
    Die Herren gaben jms zuuerstan,
Den zwaintzigsten August merkht ebn,
    So wolt man die Zettel ausgebn,
35 Da werd jr Härren ain erlichs Wessn,
    Man wird sy offentlich verlessn.
Ain Ersamer Hochweisser Rath,
    Reden weidter woll von der That,
Dan da solt nichts da hindten pleibn,
40   Wie es dan statt in dem Ausschreibn.
Gar fleissig was geschriben drein,
    Funff vnd zwaintzig soln Gwinet sein,
Ain weisser Rath thet sich bedenkhn,
    Wolten ain vnd zwaintzig Pfening schenkhn,

45 Wie man sy dan solt geben aus,
    Welcher kham auf ein Gwinet raus,
Denselben hat gar woll gelungen,
    Ain schen Schaupfening hat er gwonen,
Die Herrn des Raths dun sich bedenkhn.
50   Zum Ueberfluss da woltens schenkhn,
Fraw es jst war was ich euch sag,
    Darmit das Niemant hab kein klag,
Sy sprach die Herrn hant gnueg gethon,
    Weidter soll du mich wissen lan,
55 Darnach hab ich ein gros Verlangn,
    Mit dem Haffn wie jsts zugangn,
Ach Fraw das kan ich euch woll sagn,
    Man lies ausprieffen vnd vmbschlagn,
Den Haffen wolt man lassen aus,
60   Wer drein glegt hab bleib nit im Haus,
Aufl den Obermarkh solt er khumb,
    Gwint ainer was so thuets jm fromb,
Dem Folkh dem was gar mechtig gach,
    Auff den Obermarkh lieffs jm nach,
65 Das ich die Warheit recht verkhundt,
    So pracht er mit jm Weib vnd Khundt,
Auff wen er dan gelegt het ein,
    Er meint das Best wurd werden sein,
Dasselb das gefiel mir mechtig woll,
70   Vnd alle Heusser waren foll,
Von den Manen vnd auch Frawen,
    Wolten disse kurtzweill schauen,
Wie man Altign gar fleissig pschaudt,
    Hueb man an rieffen jber laudt,
75 Aim jetlichen Knabn hipsch vnd fein,
    Der khumb her mit dem Gwinet sein,
Vnd wan man da ain Gwinet lass,
    Des Schaupfening man nit vergass,
Die Knaben hant sich kurtz bedacht,
80   Alle Gwinet Herrn Schultess pracht.
Entplieng er all zu seiner Hant,
    Vnd setzet dieselben allsanndt,
Auff ainen schwartz runden Tisch,
    Der das Best gwan der lebt gar frisch,
85 Drey Daffeln auftlin annder Rain,
    Was aine gros die annder klein,
Woll auf den Hechsten stondt das Best,
    Vnd das firwar kainer nit west,

Welches Gwinet wurd worden sein,
90   Setzt mans all drauf, standt hipsch vnd fein,
Das gfiel mir selb von Hertzen woll.
    Vnd all drey Disch die stondten voll,
Als ich die Sach vernumen hab,
    Darnach drueg man den Haffen rab.
95 Dan ich sach haimlich eben drauff,
    Ain grossen Debich praidt man auff.
Das hat gesehen Jederman,
    Was haben die Herrn von Wormbs than
Das kan ich mit der Warheit jehn,
100   Vnd das Niemant solt vnrecht gschehn,
Er wer gleich arm oder reich,
    So solts zugan gar recht vnd gleich,
Mit meinen Augen hab ichs gsehn,
    Gros Lob mues ich den Herrn veriehn,
105 Dan sy hant sich gar gschwindt bedacht,
    Ain Haffen auf den Debich bracht,
Kain Mich thet die Herrn verdriessen,
    Den Haffen aufsporn vnd schliessen,
Vnd schut die Zettl all keraus.
110   Das was gar lustig vberaus,
Da rierth man sy durch einander,
    Von aim Orth woll auf das ander,
Jch gib den Herren Lob vnd Preiss,
    Man hats gmuscht mit allem Fleiss,
115 Das Jederman gesehen hat,
    Vnd widter in den Haffen that,
Herr Schulteus der hat gar kein ruw,
    Verpandt den Hafn vnd macht in zu,
Darmit das Niemant wurt betrogn,
120   Mit guedtem Bierment vber zogn.
Vermachet in mit allem Fleiss,
    Darumb so hat er Lob vnd Preiss,
Jm ersten warn die Namen gschribn,
    Der ander Haffn jst nit ausplibn,
125 Auff den Deppich hat man in pracht,
    Herr Schultes der was gschwint bedacht,
Vnd schidt in raus woll auf den Plan,
    Das hat gesehen Jederman,
Dieselben Zettel waren lehr,
130   Jn dem so drueg der Schultes her,
Die Gwinet all waren verbundtn,
    Er wirfft sy nein woll zu den stundtn,

Jn Sachn was er fast geflissn,
  Er lies woll durch einander mischn,
135 Das hat geschen Jederman,
  Gros Lob vnd ehr dregt man darvon,
Vnd schit sie all in Hafn nein,
  Macht in auch zu gar bhent vnd fein,
Ach Fraw ich will die Warheit sagn,
140 Darnach lies mans albaid naus dragn,
Woll in das Haus das man hat baut,
  Haben die Herrn zun Sachen gschaut,
Das Jedterman solt recht geschehn,
  Das Lob mues ich aim Rath verjehn,
145 Dan da was Niemant vnuerdrossn,
  Gar fein zugspert vnd verschlossn,
Die zwen wolten nimer beiten,
  Sas alweg ainer an der Seiten,
Die man darzu verornet hat,
150 Man was versehen mit allem Rath,
Gar weislich hat man sich bedacht,
  Ain Jungen Knaben fürher bracht,
Der solt greiffen in Haffen nein,
  Woll vmb die Zettel gross & klein,
155 Dan Jederman sach eben drauff,
  Dar nach schlus man den Haffen auf,
Der Drumeder hueb zu plasn an,
  Es solt zuhören Jederman,
  Gar laut priefft man dasselbig aus,
153 Jetzt wird man lesen die Zettel raus,
Darmit word man sich gar nit sam,
  Ain jedlicher merkht auf seinen Nam,
Gar fleissig hat man in zugsehn,
  Gros Lob vnd ehr muss ich verjehn,
165 Den Herrn von Wormbs aim weissen Rath,
  Der solich Freudt verornet hat,
Gar redlich seinds darmit umbgangn,
  Vnd Jederman hat gros verlangn,
Wem Gott der Herr das Glikh wirt gon,
170 Der etwas hat jm Hafn gwon,
Den will ich fleissig schreiben ein,
  Mit seinem Gwinet hipsch vnd fein,
Bey seim Namen will in verkhundtn,
  Jber funffzig Jar wird mans finden,
175 Wan ain Gwinet jst ausser khomb,
  Hat man aufplasn mit der Drumb,

Vnd das man mich auch recht verstet,
  So plues man auf ain schens munthet,
Der Drumedter wenig het Ruw,
180   Ain grosse wolt die gangen zu,
Man schry in aus woll vber laudt,
  Herr Schultes hat zum Gwinet gschaudt,
Dasselbig hat er naher than,
  Darnach da fieng man wider au,
185 Vnd las widter die Zettel aus,
  Biss das sy kamen all heraus,
Darnach hat man den Hafn pschlossn,
  Welcher nichts gwan den hats verdrossn,
Also was der Glikhs Haffen aus,
190   Gwun ainer wass pracht mans zu Hauss,
Vnd als ichs warlich jetzen melt,
  Muest mans den schikhen vber felt,
Dasselbig hab ich woll geschn,
  Bey ainem Potten thu verjehn,
195 Die Herren waren woll bedacht,
  Vnd jn dasselb zu Haus haim pracht,
Wan es leit warlich an dem Tag,
  Darmit das Niemant hab kain Klag,
Es nam ain Ent das stattlich Schiessn,
200   Mein Spruch den will ich bald beschliessn.
Die Fraw die sprach habs gern gehert,
  Du hast mich meiner Bitt gewerth,
Hast dich zichtig gehalten woll,
  Darumb ich dich auch fieren soll,
Du hast dich ghalten solcher massen,
  Jch will dich fieren auf die Strassen,
Dan du hast ghabt gar kein verdriessn,
  Hast mirs als gsagt woll von dem Schiesn,
Das gabest mir alsant zuuerstan,
210   Drumb mues ich dichs geniesen laun,
Dragent darvon gros Lob vnd Preiss,
  Dan sy sent firsichtig vnd weiss,
Es kombt bald mein böser Man,
  Khumb lass vns jetzt von danen gan,
Jch sprach hertzliebe Frawe mein,
  Was wirt ich heint Nacht schultig sein,
Schweig still vnd thu das nit gedenkhn,
  Die Zerung will ich dir jetzt schenkhn,
Jch sprach mein Fraw das jst zu vill,
  Dan ich nit lenger pleiben will,

Also da beut sy mir die Hanndt,
   Vnd weist mich recht woll in das Landt,
Da kam ich widter auf den Weg,
   Hab ich gefundten Weg vnd Steg,
225 Vnd kam gar balt woll aus dem Walt,
   Ain schenes Dorff sach ich gar balt,
Dasselb kam mir zu guttem fromb,
   Vnd das ich bin zun Leutten khomb,
Das bringt den Herrn grossen fromb,
230   Also hat es ain Ent genomb,
Edel fest fursichtig vnd weiss,
   Jch but euer Gnadt mit allem Fleiss,
Wo ich der Sach zu wenig het than,
   Jr welt michs nit entgelten lan,
235 Gar kurtz hab ich die Sach bedracht,
   Die Sprich zu Lob vnd ehrn gmacht,
Den Herrn von Wormbs vnd gmainer Statt,
   Die sich gantz erlich ghalten hat,
Zu ainer Gedechtnus sols euch fromb,
240   Vnd euer Gschlechter die nacher komb,
Den wirt man solichs Schiesn verkhundten,
   Jber hundert Jar wirt maus findten,
Wie woll ich das han selb bedacht,
   Lienhart Flechsel hat den Spruch gmacht,
245 Von Augspurg aus der priembten Statt,
   Wan er also sein Namen hat,
Vnd Valtin Flechsel sein lieber Son,
   Der hat das Buech gemalen schon,
Also hat mein Gedicht ain Ennt,
250   Gott alle Sach zum Besten wendt.

Anno Salutis 1575.

Verzeichnüss der Gaben vnd Personen,

so in dem Glikhs Haffen gewonen haben, ist ausgangen den 28 Augusty dis 75 Jar.

———————

Der erste Zetel so jn dem Glikhs Haffen herauss khomen, hat Jacob Wurst, Schultes zu Wangen, ain Reichsgulden,

Die erste vnd beste Gab, ein silberen verguko Scheuern mit zwey Diensten pro 52 fl. hat Ludwig Straus von Oppenheim bei Herr Michel Eiselin zu Wormbs,

Den ersten Schaupfening hat Marx Steuernagel, der Junger zu Weissenburg,

Die 2 Gab ein silderer Dolch pro 24 fl. hat Jacob Storkh der Elter zu Strassburg,

Den 2 Schaupfening hat Frantz von Lissfelt zu Frankhenthall.

Die 3 Gab ein silber verdekhter Pecher pro 22 fl. hat Herr Jörg Krapf alter Stetmeister zu Wormbs,

Den 3 Schaupfening hat Jacob Hall zu Strassburg,

Die 4 Gab ein silbere Bier, mit der Stett Wormbs Wappen pro 20 fl. hat weilluudt Heinrich Koch seliger Witib zu Wormbs,

Den 4 Schaupfening hat Hans Reinhart Zeitböss zuSpeyr,

Die 5 Gab ein silberin Khendle pro 19 fl. hat Mathes Schneider von Khaiserslaudern fir sein Muetter,

Den 5 Schaupfening hat Egeberdus Wadenawer zu Wormbs,

Die 6 Gab ein silber verdekhter Becher pro 18 fl. hat Jacob Scheer Wirth zum Bokh von Wormbs,

Den 6 Schaupfening hatt Peter Weittruff von Oppenheim,

Die 7 Gab ein dutzut silber Leffel pro 17 fl. hat Veltin Kremer, HerrHansHulten Diener von Wormbs, auf sein Dolchen,

Den 7 Schaupfening hat Hierin Affenstein von Danstatt,

Die 8 Gab ein verdekhter silber Becher pro 16 fl. hat Kyox Wolff von Andernach,

Den 8 Schaupfening hat Jacob Zalmeister zu Wimpffen, fir sein Dochter Agnes,

Die 9 Gab ein silber verdekhter Pecher pro 15 fl. hat Daniel Britsch Notarius zu Strasburg,

Den 9 Schaupfening hat Jacob Scheer Wirt zum Bokh von Wormbs,

Die 10 Gab ein silberin Schal pro 14 fl. hat Clade Wittib Burger vnd Cremer zu Strassburg,

Den 10 Schaupfening hat Adam Bantz Vicarius jm Daimstift Wormbz,

Die 11 Gab ein silberin Schal pro 13 fl. hat Junker Philips Schlichter zu Erffenstein fir sein grawen Schimel,

Den 11 Schaupfening hat Peter Reinekh von Gros Zimerman, fir Knecht drinkht den Wein,

Die 12 Gab ein hoher Silber Becher ohne Dekhel pro 12 fl. hat Thilemanus Kenkhel von Bremen zu Spoir auf Eua Winkhel mein,

Den 12 Schaupfening hat Junkber Caspar Lerch von Dirmstein, auff sein Sohn Christoffel,

Die 13 Gab ein silber schwitzenter Hofbecher pro 11 fl. hat Mardin von Rokhenau, bei Eberbach Zimerman, auf sein Sohn Michel,

Den 13 Schaupfening hat Jacob Roschier Burger vnd Schwartzferber zu Wormbs,

Die 14 Gab ein silber schwitzenter Hofbecher pro 10 fl. hat Jörg Baumaister falkhenstainerischer Oberkeller, auf Peter Premen,

Den 14 Schaupfening hat Hanss Diettrich Akherman von Speyr, auf sein schöne Junkhfraw,

Die 15 Gab zway silberin zusamen gesetzter Saltz-fäslin pro 9 fl. hat Hans Lembding von Langer-Niclas, auf alle frome Kremer,

Den 15 Schaupfening hat Balthasar Han von Frankhfurt,

Die 16 Gab ein silberin schwitzenter Becherlin auf drey Granat Appeln pro 8 fl. hat Johan Egmundt Reuss-eisen, Gerichtschreiber zu Strasburg,

Den 16 Schaupfening hat Wendel Pholssheimer, Post-maister zu Hangenweissheim,

Die 17 Gab ein silbern schwitzenter Becherlin auf drey Granat Appeln pro 7 fl. hat Herr Hans Walther dess Raths zu Wormbs, auf den ersten Nouembris,

Den 17 Schaupfening hat Vitus Lauderbach von Speyr, auff E. B.,

Die 18 Gab ein silber schwitzenter Becher auf drey Granat Epfeln pro 6 fl. hat Nicolaus Steffan von Alsum auf der Eis, fir sein enkhel margret,

Den 18 Schaupfening hat der Schultheis zu Grienstatt,

Die 19 Gab ein Disch Becher pro 5 fl. hat Jacob Scher Wirt zum Bokh von Wormbs,

Den 19 Schaupfening hat Junkher Carol von Glauburg zu Frankhfurt, fir sich Selbst,

Die 20 Gab ein Dutzet maserne Löffel mit Silber bechlagen pro 4 fl. hat Adam Bantz Vicarius jm Daimstifft Wormbs,

Den 20 Schaupfening hat Weigant Otterfenger Burger zu Wormbs, auf sein Werchzeug, den er mit Jm hat dragen,

Die 21 Gab ein Silber Bisen Knopf pro 3 fl. hat Philipph Gender von Pretzenheim, auf Hans Horgesheimer,

Den 21 Schaupfening hat Elisabeth Rabstökhin Wittibin zu Wormbs, auf Marx Ludwig Ziegler,

Die 22 Gab ein silberer vergulter Schaupfening pro 2 fl. hat Vlrich Weipper von Dalsum fir Sich,

Der leste Zettel, so nach ausgegebenen Gaben, ausgenomen worden, ain Reichsgulden hat Niclass Burggraff zu Haidelberg,

Die maiste Zettel hat in dissem Glikhs Haffen eingelegt, Herr Hanns Walther des Raths zu Wormbs, hat ein Becher fir 12 fl.

1575.

www.ingramcontent.com/pod-product-compliance
Lightning Source LLC
Chambersburg PA
CBHW022038080426
42733CB00007B/890